学校の教育学

佐藤　環

JN013698

青簡舎

はじめに

　本書は、教育学をはじめて学ぶ人のためのテキストとして執筆した概説書であるが、特に「学校教育」に焦点をあてた内容となっている。よって、ここで取り上げたテーマは、学校教育の意義や本質、そして検討していかねばなら課題などを取り上げた。

　教育が展開される場として、学校教育・家庭教育・社会教育の分野があり、これら三者が有効に機能するためには、それぞれの連携・協働が十分になされねばならない。従って、学校教育が家庭教育や社会教育と連携・協働しながら、学校教育を教育全体のなかでどのように位置づけ、どのような役割を与えるのかを考えることは、極めて重要な問題である。だからこそ、近年の学校教育に関する文教施策は、知育・徳育・体育の観点から矢継ぎ早に改革がなされているし、現在の学校教育には、今まで以上に家庭教育や地域社会との協働によって充実・発展することが期待されているのである。

　今日の社会は、科学技術の加速的進展により大きな変動を続けている。それに伴って、人間個人には絶えず自己改善や自己革新が要求されるようになってきた。このことは、人間は学校卒業後も絶えず学び続ける「生涯学習」の必要性がより高まっていくことを示す。一個人が生涯にわたって必要なもの全てを学校教育によって修得することは不可能であるけれども、学校教育は生涯学習の基礎・土台となる場としての機能を果たす重要なシステムなのである。

　以上を踏まえ本書の構成では、日本の学校教育を学ぶにあたり、教育の意義を考える、西洋と日本における教育思潮を理解する、公教育について考察する、学校制度に対応する教育方法を検討する、就学前・初等・中等学校の

カリキュラムを理解する、今後の日本の学校教育の在り方について検討する、そして教員養成の実際について理解するという視点を設定した。

　最後に、本書の企画・出版を推進するにあたり、全面的に協力してくださった青簡舎の大貫祥子氏に、深甚の謝意を表したい。

　　2020年3月

著者識す

目　　次

はじめに

中学校学習指導要領（抄）

幼稚園教育要領（抄）

保育所保育指針（抄）

幼保連携型認定こども園教育・保育要領（抄）

第1章　教育の概念と意義

Ⅰ　教育の概念

(1)「教育」の語義的変化

　我々はしばしば英語の "education" の語源が「引き出す」（bring out）という意味であると聞かされているため、欧州において「教育」とは外から教え込むのではなく個々人が有する個性や能力を引き出すことであると認識することが一般的である。確かに英語の "education" は語源的に「引き出す」という意味があるのだが、それは19世紀以降に子どもの能力・個性を引き出すことが産業革命以降の国家的・社会的使命であるという考え方が浸透してからである。

　本来、語義的に "education" は何を「引き出す」意味であったのか。

　それは、子供そのもの、つまり嬰児を妊婦の産道から「引き出す」ことであった。それを裏付けるのはジャン・ジャック・ルソー（Jean-Jacques Rousseau）が1762年に刊行した『エミール』で引用した紀元前1世紀の共和政ローマ時代における前期ラテン文法の研究者として有名なワローの著作である。ワローの言う "education" は、「産婆が引き出」して「乳母が養」うという行為を指すのであり、「師傅（貴人の子弟を養育・教導する役を行う者）が仕付け」て「教師が教える」ことは "education" の意味として含まれていない。つまり、"education" の意味は子どもを「産」み「育」てる（産育）という普遍的な人間の営みのことであり、今日私たちが "education"（教育）の中心的役割と考えている「仕付け」（訓）や「教」は含まれていなかった。よって、"education" という言葉には元来「引き出す」という意味があったけ

れども、それは能力や個性を引き出すのではなく嬰児を産道より引き出し養い育てることを意味していたのである。

　『オックスフォード英語辞典』によると、元来"education"という語は16世紀半ばに子供を「産み」「養い」「育てる」という自然な人間の営みを指す言葉としてラテン語の"educere"を基として生まれ、原初の意味は「子供や若者、動物などを養い育てる過程」であった。やがて17世紀から18世紀にかけて、子供の将来を考えて子供をどう育てるか、つまり子供の養育に対する作為や配慮という第二の意味を持つようになる。それは、ある特定の立場（特に職業上の立場）に相応しい一定の行動様式（マナー）や習慣等を身につけ、仕事に従事できるレベルにまで親が子供を育て上げていく過程、またそのための育児方法を指す意味に変化した。子供を単に「養い育てる」だけでなく、親や大人の側から一定の意図・配慮を以て子供の養育に臨むようになったのである。

　産業革命以降、国が主導する学校を中心とした文教政策の進展により、"education"は学校等で行われる組織的な教授（instruction）や訓練（training）という第三の意味を持つようになった。つまり、学校で教育を受けることが教育だとする考え方である。このような"education"の意味転換の背景には、産育の営為に何らかの意図や配慮を持ち込むだけではなく、一定の計画に沿って組織的に子供を育てようとする意識の成立がある。子供に対する親の「教育意識」や「教育的配慮」といったものが学校のみならず社会全体で自覚されるようになり、この自覚が学校教育の普及と相まって社会に普及・定着したのである。

（2）「教育」の漢語的意味
　もともと「教育」という語は和語（日本語）ではなく漢語（中国語）である。「教育」の最古の用例としてしばしば挙げられるのは、中国の戦国時代における儒者の孟子（前372−前289）が言ったとされる「君子三楽」（『孟子』

尽心・上）である。孟子は、「君子には三つの楽しみがあるのだが、天下の王となることはその中に含まれない。父母がともに健在で兄弟に事故がないのは第一の楽しみである。天や人に対してやましいことを持たないことが第二の楽しみである。天下の優れた人物を見いだして教育することが第三の楽しみである。」（君子有三楽、而王天下、不与存焉。父母倶存、兄弟無故、一楽也。仰不愧於天、俯不怍於人、二楽也。得天下英才、而教育之、三楽也。）と言うのである。

　孟子は天下の「英才」を自らが選抜して集め彼らを育て交流し教育することが人生において三番目に楽しいことであると言う。つまり、学問を身につけた俊雄を育てること（育英）こそが「教育」だと考えた。よって、日本においては近世までは「教育」という言葉は、経書主体の漢籍に通じた学問的素養ある知識人階級の間では知られていたけれども、学問とは無縁の世界で生活していた圧倒的多数の庶民にとって「教育」という言葉は迂遠で、あくまで学者が使用する中国伝来の外国語に過ぎず実感を伴わなかったと推察される。よって、庶民は子どもや若者を「仕付け」たり「仕込」んだりする自らの営為を、儒学的素養があることを前提とした用語である「教育」という言葉を使用しないのは当然であった。

（3）日本における「教育」の語義

　「教育」という日本語は、英語の"education"の翻訳語として明治時代に使用され普及するようになった語である。前近代の日本において「教育」という言葉はごく一部の知識人を除きほとんど使われることはなかったのだが、「教育」という言葉を知らないからといって、彼らに子どもたちへの「教育」という営みが存在しなかった訳ではない。農民は自らの子を立派な農民に、商家や職人は自らの子や奉公人を立派な職業人とするために、さまざまな知識や技術、世間のしきたり、礼法や心得などを幼少期から教え込んでいたのである。つまり、庶民の日常生活において「教育」という言葉を使用しなく

ても、それに代わる言葉として「鍛える」、「仕込む」、「仕付ける」、「人練（ひとね）る」「人成す（ひとなす）」などが使用され、時や場所に応じて使い分けられた。これらの言葉は、人が子どもを産み養い、そして社会の役に立って一人前となる人間に育て上げる過程を指す語彙として定着した。

Ⅱ 教育の意義

1．人間形成と教育

　近代ドイツの哲学者カント（Immanuel Kant）は「人間は教育によってはじめて人間となることができる」と言った。これは人間の存在は全面的に教育に委ねられる、つまり人間の問題はどんなものであろうと最終的には教育の問題として扱うということである。

　人類がその発達過程で獲得してきた人間たらしめる基本的な諸能力、言い換えれば人間をその他の動物から区別する二足歩行、言語、手作業といった基本的能力は、自然状態から生まれてくるものではない。それらを新生児に身につけさせようと働きかける親や周囲の人々の努力と、それに応えようとする新生児自身の努力という双方向の営為があってはじめて形成されると言えよう。

　それに加えて、人類の歴史的発展過程を通じて蓄積してきた有形・無形の文化遺産（文化的所産）の継承が重要である。狩猟採集、農耕牧畜から近代産業に至るまで、人間は生産労働に関わるなかで様々な知識、技術、生活習慣、行動様式、社会制度、宗教、道徳的価値などが生み出されてきた。これらの文化遺産は、先行世代の意識的な伝達によって後続世代が継承していくとともに、後継世代はこの文化遺産を受け止め身につけるだけでなく、さらに改良・発展させることが求められる。

2．アヴェロンの野生児

　人間は自然成長力だけでは「人間」になれないということを示してくれるのが、いわゆる野生児の記録である。野生児とは、生後間もない時期に遺棄や迷子など何らかの理由によって人間社会から隔絶されて育った子供たちのことである。現在までのところ、全世界で100件以上の野生児に関する報告がなされているが、最も有名な事例が1797年頃に南フランスで発見された「アヴェロンの野生児」である。

　「アヴェロンの野生児」は、発見当時の推定年齢が11～12歳の男児であった。全裸で、喉頭音を発する程度で言葉を言うことがなく、感覚機能が極端に低いため、注意力・判断力・記憶力・模倣力は皆無で、思考力は食欲等の生理的要求に関わることに限定されていた。青年軍医であったジャン・イタール（Jean Itard）が、この野生児を引き取りヴィクトールと名づけて1801年初頭から5～6年間にわたって人間らしさを取り戻すための熱心な教育・訓練を行い、その経過をフランス内務大臣に報告した。ヴィクトールに対する教育・訓練の結果、感覚機能の一部が回復しある程度の感情表現が出来るようになり、簡単な文字記号の理解や身振りによるコミュニケーションが僅かではあるものの可能となった。しかし、知的発達は極めて緩慢であり、言語の習得は出来ておらず、さらに感情の抑制や対人関係の形成は全くできない状況で終わった。このことから青年軍医イタールは、まず純粋に自然状態にある人間は動

図1-1　ヴィクトールのスケッチ

物より劣ること、次に人間の発達には人間社会からの働きかけが必要であり、人間の精神的能力は文明化の所産であること、そして人間の学習能力は幼児期に活発であるがそれを過ぎると急速に弱まることを導きだし、野生児ヴィクトールを人間として形成することは不可能と判断した。

Ⅲ　教育の場　―学校教育・家庭教育・社会教育―

1．学校教育

　学校教育とは、一定の施設・設備と専門の教職員を有する計画的・組織的・継続的な教育機関である学校で行われる教育のことであり、制度的に確立し公的な性格が強い。

　（1）学校教育の性格

　学校教育の性格は、19世紀に近代学校が成立して以降の発展過程で形成されてきた。家庭教育や社会教育との比較からすると、どの国でもほぼ共通して認められる以下のような特質がある。

　第1点。公教育制度として確立しているとともに、一定の学校段階まで義務教育として就学強制が行われる。

　第2点。家庭や職場といった社会の利害関係から直接影響を受けない独立した施設（学校）で教育を行う。

　第3点。一般的に、同年齢層の学習者と一定の資格を有する専門職の教育者という二種類の人間集団から構成され、両者の直接的接触により教授と学習の過程が展開される。

　第4点。明確な教育的意図の下に、一定の教育課程や学年などを組織・運営することにより、長期にわたる継続的な教育が行われる。

　第5点。修業年限が規定されており、少年期から青年期にかけて集中的に行われる。

　第6点。教育課程を修了することに対して、一定の社会的・国家的な承認

がなされる。

（2）学校教育の社会的機能

　まず、文化・価値の伝達機能を挙げることが出来る。社会集団が形成・蓄積してきた独自の文化・価値を、若い世代が次々に受け継ぐことでその社会は存続していく。換言すれば、社会独自の文化・価値を新しい成員に内在化させる「社会化」の機能である。近代における学校教育は、国民に共通の知識・技能・態度などを身につけさせる伝達機能を有し、それにより国民意識の強化・統合を図り、社会を存続・維持させるという社会的・国家的要請に基づく保守的機能を果たしてきた。

　次に、文化・価値の創造という機能である。既存の伝統的な文化・価値を伝達するだけでは、消極的に社会の存続を保つことはできても社会の発展を図ることはできない。急激に変化する現代においては、伝統を尊重しながら、絶えず新しい文化・価値を創造できる人間の形成、社会変化に対して主体的に参加・対応できる人間の形成が学校教育の主たる役割である。学校教育が持つ社会の発展と改革に寄与するという進歩的・革新的機能は、今後ますます重要になると考えられる。

　そして、社会的選抜の機能である。近代化に伴い分業化が進行すると、人材を選抜し配分することが分業体制社会の維持・発展や生産性の向上に不可欠となる。前近代では身分や家柄など社会的出自を重視することが常態であったが、近代以降の社会で人材を個人の能力に応じて選抜・配分しようとする。その能力を意図的・計画的・組織的に育成する学校教育が、人材の社会的選抜機能を持つようになった。学校教育を修了することによって、将来の職業的・社会的地位を獲得しようとする個人の社会的上昇移動（立身出世）の制度として機能しているのである。

２．家庭教育

（1）家庭教育の性格

　まず、学校教育のように組織され計画化されたものではないこと。親は学校教師のように教育の専門的職業人ではないし、家庭での教育をあまりに理念追求し計画化すると、くつろぎ・安らぎといった家庭が持つ基本的機能を阻却してしまう。

　次に、家庭教育は子供の社会化の過程として捉えることが必要であること。家庭での日常生活をともにすることで、子供は他者との役割関係や相互関係を自然に体得していくのである。

　そして、家庭は子供が初めて所属する集団であるため、家庭での人間形成は、子供にとってその後の社会化や人間形成の基礎となること。学校教育は普遍主義的志向や科学技術に立脚しようとするが、家庭教育は個別主義的かつ常識的である。学校教育が重要度を増し肥大化しても、その根底をなす家庭教育において子供が一定程度の発達を担保されなければ、学校教育の推進は不可能であろう。

（2）家庭教育の機能

　第1点は、母語（日本語）の獲得である。日本社会で生きていくためにはコミュニケーション・ツールとしての日本語習得が必須で、日本語を習得する過程において日本人としての考え方、行動様式などの「潜在的文化」まで学んでいる。

　第2点は、子供に愛の感情を植え付けることである。原体験として母親（の役割を演じる者）との関係を基として、そこから父親や兄弟等の肉親的関係、郷土や同胞への愛情などへと拡大発展していくことが期待される。

　第3点は、権威感覚の体得である。尊敬され受容される権力のことを権威と呼ぶ。卓越するものへの畏敬の念のほか、個人のなかに道徳や良心が形成される際の基礎を、家庭での日常生活で獲得していくのである。

　第4点は、自律性の形成である。子供はやがて一つの独立した人格として

社会で生きていくのだが、そのためには外的・内的ともに自律性を身につけなければならない。子供は、親に対する居心地の良い依存環境を少しずつ放棄しながら、社会に適応する術を学んでいく。その際には、自律を厳しく要求する父権的権威と、それを助ける母権的愛の両者の要素が必要となる。

3．社会教育

　日本における「社会教育」とは、学校教育と家庭教育を除く一切の教育活動を指す。但し、国際的にはこのような用法は稀で、欧米においては「成人教育」（adult education）、「継続教育」（further education）、「民衆教育」（Volksbildung）などが使用されている。このように社会教育の概念は極めて広いのだが、やがて行政が関係する部分を社会教育であるとする傾向が強まっていった。

（1）近代日本における社会教育

　今日的な社会教育が公的に初めて取り上げられたのは1886（明治19）年の文部省官制における「通俗教育」規定であり、その後、1921（大正10）年に公用語として「社会教育」が現れるまで行政的には通俗教育の語を用いていた。明治10年代から20年代にかけて教育会が設立され、通俗教育談話会・講談会が各地で開催され明治後半期に最盛期を迎えている。

　大正期の社会教育においては、各地で知識や教養の修得を目的とした大学講座や教養講座が文部省や民間で主催されていった。また、労働者自ら設置した日本労働学校などの労働者教育も進展した。

　昭和戦前期には、浜口雄幸内閣が社会教育上の必要から1929（昭和4）年に教化総動員運動を展開した。教化総動員運動は、第一次世界大戦後の諸問題を「経済国難」「思想国難」であるとし、映画やラジオといった新メディアの利用による国民教化により克服しようとするものである。これをモデルとして1937（昭和12）年から国民の滅私奉公を推進する国民精神総動員が敗戦まで行われた。この時期の社会教育は国民教化を軸として展開されている。

戦後はこの国民教化色を払拭し、1949（昭和24）年の社会教育法、1950年の図書館法、1951年の博物館法が制定され、社会教育の発展を支える法的根拠となった。特に、「住民の教養の向上、健康の増進、情操の純化を図り、生活文化の振興、社会福祉の増進に寄与することを目的」（社会教育法20条）とする公民館の普及による効果はめざましいものがあるほか、青年団、青年学級、地域婦人会、婦人学級は成人男女に様々な学習機会を提供し社会教育の発展に貢献した。

　1980年代に入ると、「人々が自己の充実・啓発や生活の向上のために、自発的意思に基づいて行うことを基本とし、必要に応じて自己に適した手段・方法を自ら選んで、生涯を通じて行う学習」（1981年の中央教育審議会答申「生涯教育について」による）、すなわち生涯学習の推進が文教政策として重視されるようになった。

（2）生涯学習の振興

　社会教育は学校教育に属さない「主として青少年及び青年に対して行われる組織的な活動」（社会教育法第2条）、生涯学習は学習者の視点から捉えた概念で社会教育・学校教育・家庭教育のほか組織的ではない個人的学習をも含み、社会教育より広い活動を対象とする。

　生涯学習は、1965年にユネスコ（UNESCO）のラングラン（Paul Lengrand）が"life-long integrated education"（生涯教育）として提唱した概念である。それが日本に導入される際、従来の社会教育に類するものと解されたので文部省や地方教育委員会の社会教育課が管轄することとなった。1987（昭和62）年の臨時教育審議会第4次答申で「生涯学習体系への移行」が提言されてから生涯学習の用語が一般的となり、1990（平成2）年には「生涯学習振興のための施策の推進体制等の整備に関する法律（いわゆる生涯学習振興法）」が制定され、生涯学習体制と基本構想は各都道府県教育委員会が決定すること、文部科学省に生涯学習審議会を設置することなどが示された。「生涯学習」という語には、人々が生涯に行うあらゆる学習、すなわち学校

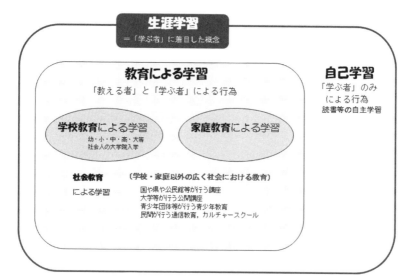

図1-2　生涯学習の概念（出所：広島県教育委員会ホームページ）

教育、社会教育、文化活動、スポーツ活動、レクリエーション活動、ボランティア活動、企業内教育、趣味などの多様な学習という意味で用いられるだけでなく、「人々が、生涯のいつでも、自由に学習機会を選択して学ぶことができ、その成果が適切に評価される」ような生涯学習社会を目指そうとする理念をも表している。

（3）スポーツの振興

　生涯学習を推進するだけでなく国民の福利健康の増進という観点からも、スポーツが果たす役割は重要である。

　1949（昭和24）年の社会教育法では「体育及びレクリエーションの活動」を社会教育に含むことが規定された（同法第2条）。しかし、法律におけるスポーツについての規定は抽象的だとするスポーツ振興審議会の要望もあり1961（昭和36）年に「スポーツ振興法」が制定された。その後、スポーツ振興法を全面改定する形で2011（平成23）年にスポーツ基本法が制定された。

スポーツ基本法は、スポーツを通じて幸福で豊かな生活を営むことが人々の権利であるとし、「国民が生涯にわたりあらゆる機会とあらゆる場所において、自主的かつ自律的にその適性及び健康状態に応じて行うこと」などのの基本理念を掲げ（同法第2条）、スポーツに関して国及び地方公共団体の責務、スポーツ団体の努力等について定めた（同法第3条～第7条）。なお、スポーツを所管する文部科学省と、障害者福祉を所管する厚生労働省にまたがる障害者スポーツ施策は、福祉の観点だけでなくスポーツ振興の観点からも推進する必要がある。

【引用・参考文献】
　J.M.G. イタール（中野善達・松田清：訳）『野生児の記録7　新訳アヴェロンの野生児』福村出版、1978年。
　細谷俊夫ほか編『新教育学大事典』第一法規、1990年。
　谷田貝公昭・林邦雄・成田國英編『教育基礎論』一藝社、2001年。
　山﨑英則編『新・教育原理』ミネルヴァ書房、2006年。
　小柳正司『教育原論の試み』あいり出版、2012年。

第2章　近代における西洋の教育思想

I　宗教改革から近代国家の形成へ

　ルネサンス、宗教改革、科学革命などを経験した近代初期のヨーロッパは、後の市民革命や産業革命を準備した。宗教や封建制度の鎖から人間の解放が目指され、ヒューマニズムの精神に基づく教育思想が広がっていった。18世紀になると、大人とは異なった存在として子供が認識され、また平等を実質化するため「科学的真理の教授」、「教育の中立性」、「教育の独立」を骨子とする公教育の制度が模索された。

1．コメニウス
（1）生涯
　宗教改革者であり教育思想家でもあったコメニウス（Johannes Amos Comenius, 1592-1670）は、チェコ共和国のモラヴィアで生まれ、ドイツで学び1617年に牧師となるが、彼はボヘミア出身の宗教改革者ヤン・フスの流れをくむボヘミア同胞教団に属していたのでヨーロッパ最後の宗教戦争である三十年戦争（1618-1648）のなかで迫害され、ポーランド、イングランド、オランダ、スウェーデン、ハンガリーを転々としたが、故郷には帰還できずオランダで亡くなった。

（2）汎知学への志向
　コメニウスが生きた17世紀の欧州はカトリックとプロテスタントといった宗教勢力のせめぎ合いが激化するとともに世俗権力が力をつけていった時代である。コメニウスが生涯を通じて願ったのは、あらゆる知識を広く網羅し

分類整理を行って体系化する「汎知学」の確立であった。彼は汎知学により、神・人間・自然を統一的かつ普遍的に把握して世界を秩序づけることの意義を重要視した。

（3）近代教育の萌芽

コメニウスは汎知学の樹立と普及を教育活動に託した。彼は主著『大教授学』において「あらゆる人にあらゆる事柄を教授する普遍的な技法を提示する」こと、「男女両性の全青少年が、ひとりも無視されず学問を教えられ、徳行を磨かれ、敬神の心を養われ、かくして青年期までの年月の間に現世と来世との生命に属するあらゆる事柄を、僅かな労力で愉快に着実に教わることのできる学校を創設」することであると記した。

では、コメニウスにとってどのような方法が、教える側・教わる側双方にとって有益な学びとして提示されたのか。

コメニウスの時代における大多数の学校では、ラテン語・修辞学を修めるため難解な文法等を幼い時から無理矢理覚えさせることが一般的であったとされる。しかし、コメニウスは知識を教授するにあたり、易しいことから難しいことへ、つまり基礎から応用へと階段を上っていくように進むべきであると考えた。

また『大教授学』において、認識はいつも必ず感覚から始まるので、学識は事物を言葉によって伝えることから始まるのではなく、事物そのものをよく見ることから始めて後に、それをより詳しく説明するために言葉を付け加えるようにしてほしい、と述べている。つまり、コメニウスは実際に学ぶべきものを見たり聞いたりする（感覚に訴える）ことが必要であると考えた。ただ、この考えに対しては、単に事物を見せるだけではなく事物がどのようなものなのかを観念的に把握していないと「事物そのものをよく見」たことにはならないであるとか、そもそも学ばせたいもの全てを見聞きさせることは不可能である、などの批判がある。

（4）『世界図絵』

1658年、「世界における主要な事物の全てと、人生における人間の諸活動を絵で表し命名する」ために『世界図絵』が発刊された。世界初の教科書と評価された本書の特色は、まず学校における文法中心の授業ではなく、学習者が興味をもって楽しみながら学習に取り組むようにすること、次に平易なものから難解なものへと段階を追って教えるべきであるとの考えを踏まえ、基礎的段階の教材と位置づけたこと、そして認識は感覚から始まることから感覚を訓練することの重要性を指摘している。

図 2-1　『世界図絵』

2．ルソー

（1）生涯

18世紀のフランスは植民地貿易などにより巨富を得たブルジョワが勃興し、パリでは上層ブルジョワによるサロンが発達した。そして百科全書派を核として、人間を他の動物から区別する理性に絶対的信頼をおくフィロゾフ（哲学者）と呼ばれる人たちが登場し、文芸、哲学、宗教、政治などあらゆる分野で議論がなされていた。

スイスのジュネーブで生まれたルソー（Jean-Jacques Rousseau, 1712-1778）は、16歳の時に放浪生活に入り百科全書派のディドロやダランベールと交わるようになり、1755年に『人間不平等起源論』、1762年に『社会契約論』や「教育について」を副題にした『エミール』を出版した。その後も各地に移り住みながら多くの著作を発

図 2-2　ルソー

表している。

(2) 子供の発見

彼の教育論は、人間が本来持っている自然の欲求を正確に見極めることと、人間に与えられている力を十全に発達させることに向けられている。ルソーは「子供」の発見者と評価されているが、それはこの欲求と力が最初から備わっているのではなく、人間が産まれてから成人に至るまでの成長過程で発達・変化するものとして付与されているのだという発見であった。乳児期の欲求と力は幼児期のそれとは異なるし、さらに少年期の欲求と力は思春期のそれとは明らかに異なる。この指摘は、いわば発達段階への着目であり児童心理学の先駆であるとの評価もなされた。

だがルソーの子供観、すなわち子供と大人とを截然と区別する二分法的考えによると、子供は純粋に肉体的存在であり一切の社会的感情を欠いているとする。これは現在における実証的心理学の視座からすると対立する考え方であるけれども、思春期は自我の意識の目覚めの時期として子供時代と大人時代を区切る大切な段階と見なされており、その意味からするとルソーの発達段階論は今日的意義を有している。

(3) 消極的教育

彼の著作『エミール』において、ルソーは自身が教師として架空の孤児「エミール」を一対一で育成する思考実験を試みており、それにより教育の理論化を行おうとした。その冒頭で、自然的なものと人間自身によるものとを対比し「万物をつくる者の手をはなれるとき、全ては良いものであるが、人間の手にうつると全てが悪くなる」と言う。人間は教育によってつくられるが、彼は子供を乗馬のように調練し、庭木のように好きなようにねじ曲げてはならず、「自然の歩み」に従い教育することが必要だと考え、いわゆる消極的教育論を展開する。初期の教育は、徳や真理を教えないことによって子供の心を悪徳から、そして精神を誤謬から保護するものであるべきだと主張した。

Ⅱ　近代教育学の確立

　19世紀の西欧では、ペスタロッチやヘルバルトの教育思想と実践が国民教育制度の普及に伴い学校教育改革と結びついた。またフレーベルが世界初の幼稚園を創設しその普及に尽力した。彼等やその後継者の活躍により、近代教育学の発展・普及がなされたのである。

1．ペスタロッチ

（1）生涯

　フランス革命以降の社会混乱によって生じた貧民・孤児を救済するための教育に人生を捧げたスイスの教育実践家であるペスタロッチ（Johann Heinrich Pestalozzi, 1746-1827）の思想や教育実践は、フレーベルやヘルバルトに直接影響を与えたのみならず、その後の教育思想等に多大な影響を及ぼしている。特に初等教育段階における教育方法の基礎については、彼によって構築されたと考えてよい。

　ただ、彼の人生は波乱に富んでいた。ノイホーフと名付けた農場経営に失敗し、貧民子弟を自立させるため職業的技能習得を行う貧民学校を設立するも行き詰まり閉鎖を余儀なくされた。その経験により、『隠者の夕暮』（1780）や『リーンハルトとゲルトルート』（1781-1787）などの著作を刊行した。

　フランス革命によるフランス軍のスイス侵攻により多数の孤児が発生したため、ペスタロッチは1798年に58歳でシュタンツの孤児院で教育を実践し、そこが閉鎖された後の1800年にブルクドルフで学校を開き、さらに翌年にはメトーデと名づけた体系的教育法を『ゲルトルート児童教育法』と

図2-3　ペスタロッチ

して発表した。これを多くの人々が学ぶようになり、彼の名声は欧州に広がった。1804年にイヴェルドンに学校を作り教員養成を併せて行い、1806年には女学校を附設し、さらに1813年スイス初の聾唖学校まで設立した。1818年に自分の年金を投じてイヴェルドン近郊に念願の貧民学校を設立したが一年足らずで経営不振により廃校となってしまう。その後は、ノイホーフに戻り自らの教育論と自伝で構成された『白鳥の歌』（1825）を著し、その二年後に82歳で死去した。

（2）基盤としての道徳教育

ペスタロッチは、子供たちの生活のなかで表れる基本的かつ自然な欲求を満たすことが道徳性を育む第一歩であると考え、家庭的な雰囲気を重視した。

まず、道徳的心境を喚起すること。教師が母親のような愛情と思いやりをもって子供に接することにより、子供たちは心の平安や安心感をもつようになる。そして周囲の人々からの援助に対する信頼が生ずるようになれば、子供たちは自らに善を求め他者を愛することができる。

次に、自己抑制の訓練について。教師は父親のように毅然とした態度で接することにより、生活において必要とされる自己抑制を子供たちに自覚させ実践できるよう訓練する。

最後に、道徳的知見の育成について。教師は生活を通じて具体的な出来事を取り上げ、それを子供たちに自らの問題として考えさせることにより道徳的な見方や考え方を身に付けさせることを重視した。これはペスタロッチが、言葉だけで実行が伴わない道徳教育の弊害から子供たちを守ろうとしたのである。

（3）メトーデ

ペスタロッチは、それまでの教育において言葉・文字の教育が重視されすぎていると考えた。当時の教育は、キリスト教会にて行われていた教義（教理）問答書の丸暗記の方法を取り入れた問答形式をとる答の暗記が常態であった。そのため、子供たちは意味もわからない知識を詰め込まれていた。ペ

スタロッチは、まず物事の認識力、つまり直観の育成を基盤として、明確な概念へと高める直観教授法を考え、それを「メトーデ」と名づけた。彼は、すべての認識は数・形・語から出発すると考え、数・形・語それぞれについて感覚的認識より始め、段階的に抽象的概念へと進む学習方法を示した。すなわち、メトーデの原則を、①直観を整理すること、単純なものの認識を仕上げること、新しい概念を既存概念に結びつけること、②すべての事物における関係性の認識を現実の自然の秩序と同じになるようにする、③感覚器官を通して事物の印象を強め明瞭にする、④物理的な自然の作用は必然であると見なし、教育方法も自然の法則に従う、⑤物理的必然に従った教育方法の成果に対して多面的な魅力や応用の可能性を見いだす、としてまとめた。

2．ヘルバルト

（1）生涯

　教育の目的を倫理学に、教育方法を心理学に依拠することで教育学を体系化したヘルバルト（Johann Friedrich Herbart, 1776-1841）はイエナ大学に学び、1797年から3年間、家庭教師をするとともにペスタロッチの学校を訪問し、その体験が彼の教育理論に影響を与えた。1802年にゲッチンゲン大学講師となり、1806年に『一般教育学』を著し、1809年にカントの後任としてケーニヒスベルク大学教授となった。ケーニヒスベルク大学では教員養成所と大学附属実習学校を設立している。1835年に教育理論と実践の総決算である『教育学講義綱要』を著した後、1841年に亡くなった。

　ヘルバルトの教育思想は、ペスタロッチの教育実践に対する畏敬とその理念を補完・完成しようとすることから出発した。ヘルバルトから見たペスタロッチの教育理論における課題は、直観教授法が体系化されているとは言えないため教師一般

図2-4　ヘルバルト

に理解されず、この教授法が普及しなかったことである。それに加えて、数・形・語という基礎力と道徳性の育成がいわゆる初等教育段階に止まっていて、より高度な教育を民衆に施すという視点に欠けていた。植物の種のように将来の形態をすべて宿して生まれてくる子供にその自然な性質を成長するための援助方法であったペスタロッチのメトーデの考え方に対して、ヘルバルトは将来の発展をすべて決定するような人間の固定的素質は存在しないため教育は意図的かつ計画的に精神の形成に働きかける活動であると考えた。

（2）管理・訓練・教授

　ヘルバルトは管理・訓練の段階と教授の段階を明確に区分して教育論を展開している。

　「管理」とは、子供の粗暴さを克服するための強制反復の段階である。この段階は教育を行うための秩序づくりなので、それ自体は教育ではない。しかし、彼は子供を活動に集中させることが管理の基礎なので、力による強制を可能な限り抑制すべきであると述べている。

　「訓練」とは、忍耐力など子供の意思にかかる訓練で、将来、道徳性と知識を身につけた人間になりたいという希望を子供に抱かせることで授業に集中させ、理解しようとする意思を育むことである。

　「教授」とは、人間および自然に関わる興味から構成される多方的趣味を育むことで、学習対象に魅力を感じ意欲的に追求する態度を養い思想圏を形成することである。多方的趣味とは、子供が無秩序に様々な事柄に関心を持つことではなく、子供の成長が一定の秩序立った方向へ向かうような興味への誘引を前提とする。ヘルバルトはそのように方向づけられた興味の源泉を思想圏と呼び、人間が生活経験や学習を通して身に付けた知識・価値の体系と考えた。このような教授を通じて正しい認識・判断ができる思想圏を形成することで、道徳性の育成へと展開できると考えた。

（3）教授方法としての四段階

　ヘルバルトは、専心と致思の循環により思想圏を形成する教授方法を考え

た。専心は一定の対象に没入すること、致思は専心により獲得した対象についての概念やイメージを反省して相互に関連づけながら今まで持っていた思想圏と統一することである。彼はさらに専心と致思について静的・動的の二段階とし、専心については静的専心の「明瞭」と動的専心の「連合」に分け、致思については静的致思の「系統」と動的致思の「連合」に分けた。そして多方的趣味を涵養し思想圏を形成するための教授方法を、明瞭・連合・系統・方法の四段階で示した。

　この四段階とは、「明瞭」が対象を限定することにより意識の混乱をなくすこと、「連合」が明瞭にされた対象について今まで身につけた知識と結びつけ比較すること、「系統」が連合によって得られた新知識・知見を体系化すること、「方法」が体系化された知識を他の事象に対して応用可能にすることである。

　ヘルバルトは教育学を体系化することで、教育学を自律した学問領域に昇華させ、また子供の興味関心を引き出しながら知識を体系的に学習させる方法を提示したことでその後の学校教育に多大な影響を与えた。しかし、1899年に教育と社会との関係を強調したドイツの哲学者ナトルプがペスタロッチに還ることを主張するとともに、子供たちの実態にそぐわず画一的であるとヘルバルトを批判したことにより、ヘルバルト主義はペスタロッチ主義や社会教育学などに取って代わられるようになったと言われる。

Ⅲ　社会と教育

　教育学は19世紀に飛躍的発展をみたが、それは全体的に個人の成長の観点から教育を捉える傾向を持つ。一方、人間は社会の中で生まれ日々の生活を営むのであるから、社会や共同体との関わりという観点から教育事象を捉えようとする思想が提起され、教育学に一層の厚みを与えた。

デュルケーム

（1）生涯

　フランスの社会学者であるデュルケーム（Émile Durkheim, 1858-1917）は、教育学や哲学の分野でも活躍した人物で、特に教育の社会学的研究において多大な業績を残した。

　デュルケームはフランス・ロレーヌ地方で敬虔な信仰を持ったフランス系ユダヤ人の家系に生まれ、パリの高等師範学校に学んだ後にリセ（高等学校）で哲学の教授を務めた。1886年にドイツに留学し実証的社会学の方法を学び、帰国後にフランスにおける道徳教育の在り方に関する資料をまとめている。ドイツから帰国したデュルケームはボルドー大学の社会学と教育学を担当する講師に採用され、『社会分業論』（1893）や代表作『自殺論』（1897）を著した。1896年、38歳でボルドー大学教授となった彼は、初等教員への公開講義や中等教員志望者への講義を受け持った。

　1902年にパリ大学教育学講座に転じてから、社会学の観点から学校教育の在り方について考察した『教育と社会学』（1922）や宗教に依存しない世俗的な道徳教育を論じた『道徳教育論』（1925）等を執筆し、彼の死後に弟子たちが書籍として出版した。1914年に始まった第一次世界大戦で旧友と息子を失ったデュルケームは、1917年、失意のうちに亡くなった。

（2）教育科学

　デュルケームの真髄は、カントやヘルバルト、スペンサーなど近代の教育学者が、教育をどの時代や社会においても普遍・不易なものと捉えて個人の成長の観点から教育を論じているのは妥当ではないとして、教育を社会的な事象として捉えるべきだと考えたことにある。ルソーやペスタロッチなどの教育論は桃源郷を提示し情熱を以て語ら

図 2-5　デュルケーム

れるため人々の心に訴えるけれども合理性に欠けると批判し、教育を科学的に捉える必要性を強調した。つまり彼は、教育は社会を映す鏡のようなものであり、教育実践や求められる理想・理念は社会の必要に応じて構築されたのであるから、それらを一つの事象として観察し過去・現在を分析して記述し説明することで今後を予測しようとする。彼は、このような方法を「教育科学」と呼び、教育の実践的理論を「教育学」と呼んで区別した。

　教育とは、その社会で生活をするため必要とされる思考、行為、感情の在り方を子供に習得させることで、社会との関係において成立し、社会の必要により行われると彼は考えた。

（3）道徳教育

　デュルケームが『道徳教育論』で有機的で連帯的な社会を実現するために必要な性質として論じた道徳性の三要素は、①規律の精神、②社会集団への愛着、③意思の自律、であった。彼の道徳性に関する議論に対しては、無条件に社会的理想を善と想定し、社会的理想を愛し自発的にそれに従うことを求めている点について批判がある。しかし、当時のフランスでは道徳の基礎をキリスト教の神に置いており、近代学校教育制度を確立するためには道徳教育から宗教的要素を取り除くことが急務であった。この社会状況を考慮すると、道徳の基盤を神から社会に置換した彼の思想は、世俗的な道徳教育を基礎づけたと言える。

Ⅳ　新教育運動の展開

　19世紀末から世界各国で展開された教育改革運動を「新教育運動」と呼ぶ。それは、従来の教師中心・学問教科中心の教育から児童中心・経験中心の教育を志向する潮流であり、今日でも教育の方向性を考える場合に示唆を与えるものである。

デューイ

(1) 生涯

　デューイ（John Dewey, 1859-1952）は、プラグマティズム創始者の一人として数えられるとともに機能主義心理学派の代表的存在であり、さらに進歩主義教育運動の理論的指導者であった。

　厳格な新教徒の家庭に育った彼は、ジョンズ・ホプキンス大学大学院修了後に哲学教授となり、ジェイムズ（William James）やミード（George Herbert Mead）の影響を受けた。

　1894年に彼はシカゴ大学に着任し、1896年にシカゴ大学附属実験学校（The Laboratory School）、いわゆるデューイ・スクール（The Dewey school）を創設し、そこでの実践方針及び実践報告は1899年の『学校と社会』にまとめられた。1904年にコロンビア大学へ移り、1906年に彼の教育思想が体系的に示された『民主主義と教育』を著した。

　1920年代に彼は中国とソ連を訪問し、アメリカとは異なる社会体制を見聞し、1929年の世界大恐慌の経験が教育による社会改造の必要性を強く認識するようになり、プラグマティズムの観点から伝統的な哲学などに対して批判を行った。

(2) 児童中心主義と経験主義

図2-6　デューイ

　『学校と社会』のなかで、旧教育は子供自身の本能や活動が看過され子供の生活を重視することがなかったが、この度の新たな教育の試みは子供が中心となり周囲を諸々の教育の営みが展開するよう組織されると述べている。

　ルソーによる自己活動の原理は、ペスタロッチ、フレーベルを経由し、アメリカでエマソンやオルコットによって発展し、デューイの「為すことによって学ぶ」（Learning by doing）という経験主

義的原理として大成した。『民主主義と教育』において彼は、知識は目的的活動の副産物であり、内容知とともに問題解決の過程そのものである方法知まで含む広い概念であるとした。そして、子供たちの学びは経験として等値され、生活経験が即教育という定式となるのである。

（3）教育実践理論

デューイは、人間の行為は本能と衝動に基づき、個体と環境との相互作用により規定されると考えた。そのため伝統的な学校を「社会的精神の諸条件がとりわけ欠けている環境のなかで、社会的秩序の未来の成員を準備」していると批判し、子供たちによる作業（活動）が教育にとって重要な位置を占めるとした。

彼はこの考えに基づいたシカゴ大学附属実験学校を1896年に設立した。この学校はシカゴ市にある民家を借用したもので、設立当初は教師2名、児童16名という小規模なものであったが、固定式机を配置し教師主導による教科中心の学習とは異なる教育が展開された。

ここでの子供たちの学習活動は「仕事」（occupation）と呼ばれ、デューイの学校におけるカリキュラムの鍵概念となる。その内容は工作室で木材と道具を使用した活動、調理、裁縫、織物などの活動が含まれており、子供の個人生活と社会生活とを結着させる生活経験であった。なお、実験学校に学ぶ子供たちは全員白人で、裕福な専門職の親を持ち、教師も通常の公立校とは異なり選りすぐられた教師が集められたうえ、子供140名に対して23名の教師と10名のアシスタント（シカゴ大学の大学院生たち）がつくという、理想的な条件の下で実行に移されていたことを附言しておく。

この「仕事」をカリキュラムの鍵概念とする経験主義的教育理論は、のちにキルパトリック（William Heard Kilpatrick, 1871-1965）のプロジェクト・メソッド（The Project Method）や、パーカースト（Helen Parkhurst, 1887-1973）のドルトン・プラン（the Dalton plan）に引き継がれた。前者はデューイの教育理論を簡素化し具体性を高めた方法原理で、目的立て・計画・遂

行・判断の四段階過程を通じて、全精神を傾けた目的的活動を展開し学びを生起しようとする。後者は教師と生徒とが立てた学習計画を基に、一種の契約として割り振られる「アサインメント」を通して生徒たちが自学自習を行い各自の資質能力が高まることを期待したものである。

V　現代における教育思想

　第二次世界大戦後の冷戦期において衝撃的であったのが1957年のソ連によるスプートニク打ち上げ成功のニュースであった。これを受けて、西側資本主義諸国では科学技術の振興という観点から教育の在り方が問われるようになった。学習者自らが教材の構造を見出す発見学習を提唱したブルーナー、生涯教育の重要性を主張したラングラン、そして学校制度が抱える病理について分析したイリイチやフーコーらの業績により教育学は多角的・重層的に展開した。

ブルーナー

（1）ウッズホール会議と『教育の過程』

　1957年のソビエト連邦による人工衛星スプートニク打ち上げ成功のニュースは、アメリカに大きな衝撃を与えた。当時は冷戦時代でアメリカとソ連がそれぞれの陣営の盟主として対立を強めており、スプートニクの件はソ連の科学技術水準の高さを世界に知らしめるとともにアメリカに危機感を募らせることとなった。これを契機として、アメリカの科学技術を高めるため学校教育の改善がクローズアップされた。

　1959年9月、全米科学アカデミーはマサチューセッツ州のウッズホールに科学者と教育者35名を集め、10日間にわたり初等・中等学校の自然科学教育改善策を討議した。子供における認知の発達段階や科学教育振興に貢献したブルーナー（Jerome Seymour Bruner, 1915-2016）は議長として学習心理学の

立場からこの会議の議論を集約し、『教育の過程』として1960年に出版した。

　ブルーナーが目指す教育は「どの教科でも、知的性格をそのままに保って、発達のどの段階の子供にも効果的に教えることができる」ということであり、教え方を工夫すれば教育内容の水準を低く設定せずとも、誰もが効果的にその教育内容を習得できるとした。

（2）構造の把握

　『教育の過程』においてブルーナーは「教科の構造を把握するということは、その構造と他の多くの事柄とが興味深い関係を持ちうるような方法で教科の構造を理解することである。簡単に言えば、構造を学習するということは、どのように物事が関連しているかを学習すること」であると述べた。

　構造を把握するためには、学習者が他の物事にも関連して当てはまる原理を発見するというプロセスが必要である。このプロセスに必須なのが、仮説を立てることである。学習者は立てた仮説に対し、実験、資料収集、調査などを行い検証し確かめる。そして一定の法則、すなわち個別の結果から他の物事にも関連している原理を見出したとき、学習者は自ら構造を発見するというプロセスを経たことになる。獲得された一定の原理は、さらに転移して様々な領域で応用されるのである。

（3）発見学習

　構造の発見をブルーナーが重要視する理由は、それに伴い大きな喜びが湧き出てくると考えたためである。事柄の規則性や類似性、すなわち構造を自ら発見できると発見の喜びが生まれ、さらに学習を先に進めていこうとする動機付けとなる。主観的な人間の意識を重視する認知学習心理学の立場をとる彼は、学習者の発見に至るプロセスが学習の主体性を喚起するとし、学習者にとって重要なのは個別の事柄の知識を蓄積することではなく、個別の事柄から一般的な構造を見出す能力であると言う。

　『教育の過程』の解説には、外からの強制によらず学習者が能動的かつ主体的営みの完遂によって生まれる喜びの感情が学習動機となること、新しい

問題に対して情報を分析解釈しそれを越えて進むことが学習の本質であること、学習とは発見であると述べられている。ブルーナーの学習理論が「発見学習」と呼ばれるのは、喜びを伴う学習者の主体的な発見を重視するためである。

【引用・参考文献】

長尾十三二『西洋教育史』（第二版）、東京大学出版会、1991年。

宮澤康人編『改訂版　近代の教育思想』放送大学教育振興会、1998年。

苅谷剛彦『教育改革の幻想』ちくま新書、2002年。

山﨑英則編『西洋の教育の歴史』ミネルヴァ書房、2010年。

勝山吉章編『西洋の教育の歴史を知る』あいり出版、2011年。

石村華代・軽部勝一郎編著『教育の歴史と思想』ミネルヴァ書房、2013年。

眞壁宏幹編『西洋教育思想史』慶應義塾大学出版会、2016年。

第3章　近代日本の教育思想と学校教育

I　明治時代における教育思想と学校制度の発展

1．近代教育制度の発足

（1）明治前期の文教政策

　明治政府は1871（明治4）年に廃藩置県を断行して中央集権化を推進したが、その方策の一つとして全国規模の教育体制を構築することが目指された。同年に全国の教育統括機関として文部省が設置され、1872（明治5）年に学制が発布された。

　学制はわが国最初の近代公教育制度を構想したもので、その後の追加も含め全編213章からなる膨大な法令であった。全国を8大学区に分け各大学区に32中学区を、各中学区に210小学区を置き、それぞれに大学校、中学校、小学校を設置し、これらを文部省が統括することとした。また学校系統として小学校（下等・上等各4年）、中学校（下等・上等各3年）、大学校（年限規定なし）の3段階からなる単一の学校系統が構想された。学制には序文と俗称される「被仰出書」が付されており、学問は立身出世の手段であることやすべての国民に就学を奨励すべきこと等を含む近代日本初の教育理念が述べられている。

　1879（明治12）年9月、中央統制を緩和し地方の実情や自主性に配慮した教育令が公布された。これは主として小学校に関する規定で、学校の設置・廃止や教則の設定等は地方学事当局に委ね、学区制を廃して町村単位で行うことや学齢を6歳から14歳と規定するが、そのうち最低16か月の普通教育を受ければよいとした。しかしこの自由主義的な文教施策は地方学事の混乱と

衰退を招くとして1880（明治13）年12月に教育令は改正された。主要な改正点は、重要事項は文部省の認可制となり中央集権色を強めたこと、小学校の設置や学務委員選定については地方官の権限を強化したこと、小学校の就学義務を3年間と明確にしたこと、学科の筆頭に「修身」を置き徳育を重視したこと、などである。

（2）福沢諭吉 ―啓蒙思想と教育の近代化―

①略歴

　豊前国（現大分県）中津藩士の子として1835（天保5）年に生まれた福沢諭吉（1835-1901）は、幕末から明治時代にかけての啓蒙思想家・教育家である。青年期に大坂の蘭方医緒方洪庵（1810-1863）が主宰する徹底的な実力主義を採用していた適塾（適々斎塾）で蘭学を学び塾頭となった福沢は、藩命により中津藩江戸中屋敷内に蘭学塾を開設し、さらに英学を独修した彼は1860（万延元）年から1867（慶応3）年にかけてアメリカやヨーロッパに都合3回の洋行を経験した。

　日本の近代化を推進した明治時代にあって、福沢は洋行で得た知見を広く社会に還元するため著述活動を精力的に行い、また教育や研究の普及をはかるため慶応義塾（現慶応義塾大学）を開設、そして商法講習所（現一橋大学）、神戸商業講習所（現兵庫県立神戸商業高等学校）、伝染病研究所（現東京大学医科学研究所）などの創設に尽力した。さらに新聞「時事新報」を創刊するほか、東京学士会院（現日本学士院）の初代会長を務めるなど、その活動は多岐に亘る。

②著作による啓蒙活動

　福沢は、洋学修業や洋行で培った自らの西洋文明の知見を、出版メディアを用いて普及させた。1866（慶応2）年に欧米諸国の歴史・政治経済・文化などをわかりやすく紹介した『西洋事情』初

図3-1　福沢諭吉

編を発刊し、1868（明治元）年に子供や初学者を対象とした自然科学の入門
書である『訓蒙窮理図解』、1869（明治 2 ）年に往来物の体裁に倣った世界
地理書の『世界国尽』、そして1872年に冒頭の一節「天は人の上に人を造ら
ず人の下に人を造らずといへり」で著名な『学問のすゝめ』初編が刊行され、
その出版部数は偽版も含め22万冊に達したと言う。

　日本の真の近代化は国民一人一人の個が確立し国民としての意識と責任を
認識できるようにならねば達成し得ないと考えていた福沢の考えが『学問の
すゝめ』に集約され、また学制をはじめとした明治初期における文教政策の
理念に彼の理念が投影された。

③慶応義塾での教育活動

　福沢は 2 度目の洋行（1861年・渡欧）を終えた1864（元治元）年、江戸幕府
直参の旗本として外国奉行支配調役翻訳御用として出仕し、外交文書翻訳に
尽力した。他方、福沢の家塾は江戸新銭座に移転して面目を一新し、時の元
号にちなみ慶応義塾と命名され、塾内規定の整備と塾を安定的に維持するた
めの授業料制度を導入した。なお「義塾」の意味するところは学問の考究を
目的とする同志が集う結社であり、イギリスのウエストミンスター校・イー
トン校・ハロー校・ラグビー校などのパブリックスクールを範とした近代的
私立学校とする目的で名づけられた。

　日本における近代学校の嚆矢である慶応義塾からは、犬養毅や尾崎行雄の
ような政党政治の担い手、小林一三や高橋義雄など実業界や文化振興に尽力
する者、学制頒布後に創設された師範学校や旧制中学校の教師となって教育
の近代化に寄与する者など、合理的精神と批判的精神に富む人材が多数輩出
され日本の近代化に大きく貢献した。

2 ．国家主義教育体制の整備

（1）明治中・後期の文教政策

　日本の近代国家としての体制が確立されたのは、明治10年代末から明治20

年代初頭だと言われる。内閣制度の創設、官僚機構の整備、市町村制や府県郡制等の地方自治機関の設定、警察や軍制などの機構整備などがこの時期に進められた。

　初代文部大臣となった森有礼は、教育を国家の発展充実に資する手段と考えた。一つの法令により学校制度全般を規定した従来の方式を改め、国家に対する役割分担を考慮した学校種別の規定、すなわち1886（明治19）年の帝国大学令・中学校令・小学校令・師範学校令に基づく学校制度を創設した。

　1879年の教学聖旨以後、条約改正問題解決のための具として欧化政策が推進され、徳育は儒教主義に基づくべきだとする立場と対立するようになった。こうして徳育論争が活発になったが、他方、徳育方針の混乱は地方教育を統括する地方官たちを困惑させた。そのような状況に対応するため、1890（明治23）年10月に明治天皇が山県有朋首相と芳川顕正文相を宮中に招き「教育勅語」を下賜した。その内容は、国家の精華・教育の根源は皇祖皇宗が樹立した徳にあること、臣民の守るべき徳目を列挙しそれらを実践することで「皇運ヲ扶翼」すること、勅語に示された道は時代や場所を超えた真理だから天皇も臣民も守らねばならない、と説くものであった。

（2）森有礼　－近代教育制度の確立－

①略歴

　森有礼（1847-1889）は、薩摩藩士の子として生まれ薩摩藩校造士館や開成所で学んだ後、1865（慶応元）年に薩摩藩の英国留学生に選ばれ、さらにアメリカに渡り研鑽した。その経験から、規律と集団主義を重んずる教育の必要性を学び、後の師範教育に取り入れていく。明治維新後、啓蒙のため福沢諭吉、西周、中村正直らとともに明六社（1873年）を結成し、1875（明治8）年に一橋大学の前身である商法講習所を設置した。一方、森は清国公使やイギリス公使になるなど外交畑を歩んでいたが、1885（明治18）年12月に伊藤博文内閣に入り初代文部大臣となった。

　文部大臣就任後、彼は近代的な国民教育を育成するシステム作りを精力的

に行うが、それは政府が蒙昧な国民を先導してい
く上意下達的なものであった。学校教育の質を高
めるため教科書検定を実施したことや、教育関係
者による自治組織の教育会設置を奨励したことは、
その典型的施策と考えてよい。

　彼の急進的ともとれる文教政策に対して、依然
として封建的な考えを持つ士族層等の反発を招き、
1889（明治22）年2月11日、大日本帝国憲法発布
の式典に向かう途中、暴徒に襲われ志半ばで絶命
した。

図3-2　森有礼

②学校令制定におけるスタンス

　1886年に森が制定した「学校令」とは、帝国大学令・中学校令・小学校
令・師範学校令の総称である。小学校令では4年間の尋常小学校教育がはじ
めて義務教育として規定されたほか、修業年限3年で無償の小学簡易科が規
定され義務教育の定着が目指された。帝国大学令では帝国大学が国家の必要
に応じた学術・技芸を教授・研究をする機関として位置づけられ、以後、帝
国大学卒業生に特権的待遇を与えたことで官公庁職員・官立学校教員などの
採用・昇進に優先的便宜が図られた。師範学校令では国民の基礎的教育を担
う教員となる師範学校生徒に対し、順良・信愛・威重の3気質を涵養するた
め全寮制の集団教育や兵式体操の訓練が行われた。

　森は、すべての学校種を一つの法令により規定していた学制や教育令とは
異なり、学校種により異なる教育目的を明確にするため学校令を発布した。
教育は国家のためにあるという観点を重視しているため学校行政の目的を国
家に帰結させるとともに、教育と学問を区別した考えを文教政策に投影させ
た。すなわち、「帝国大学ハ学問ノ場所ニシテ中学校、小学校ハ教育ノ場所
ナリ、高等中学校ハ半ハ学問、半ハ教育ノ部類ニ属ス」と考え、大多数の国
民は基礎的「教育」を受ける一方、一部の選良は帝国大学に進学し国家の指

導的立場となった時に必要な「学問」を身につけるという、学校教育の二重構造を想定した。

Ⅱ　大正時代における教育思想と学校の展開

（1）大正期の文教政策

　大正期には、明治末期の「活動主義」（樋口勘次郎）や「自学輔導」（谷本富）の考え方を敷衍し、大正デモクラシーという社会の潮流を背景として、児童の自由、自主・自発、個性重視の教育思想や実践が展開された。いわゆる「大正新教育運動（大正自由教育運動）」である。

　児童中心主義の教育思想を背景とした教育実践を展開しようとする「新学校」が全国各地に設立された。西山哲次の帝国小学校（1912年設立）、中村春二の成蹊実務学校（1912年設立）、沢柳政太郎の成城小学校（1917年設立）、羽仁もと子の自由学園（1921年設立）などが代表的な学校である。また、このような私立学校だけでなく師範学校附属小学校においても新教育に基づく実践が展開された。1921（大正10）年に大日本学術協会が主催した教育講演会は、樋口長市の自学教育論、河野清丸の自動教育論、手塚岸衛の自由教育論、千葉命吉の一切衝動皆満足論、稲毛金七の創造教育論、及川平治の動的教育論、小原国芳の全人教育論、片上伸の文芸教育論が述べられ八大教育主張講演会と呼ばれた。

　1917（大正6）年、第一次世界大戦後の学校教育全般の改革を推進する必要から内閣直属の教育諮問機関である臨時教育会議が発足した。その答申に従い、種々の教育改革がなされた。高等教育では、1918（大正7）年に官立だけでなく公私立大学の設置及び総合大学のみならず単科大学設置も認める大学令が公布され、また同年の高等学校令でも官立のほか公私立高等学校設置と七年制高等学校設置を認め、今までの帝国大学予備教育機関から高等普通教育の完成機関として性格づけられた。このように男子の高等教育機関の

拡充がなされるだけでなく、女子の高等教育も女子専門学校や高等女学校の専攻科・高等科で行われるようになり充実が図られた。また国民の思想善導策としての社会教育（通俗教育）のため文部省内に社会教育課が設けられ、さらに各府県学務課に社会教育主事・主事補が置かれた。1925（大正14）年から配属将校による学校教練（軍事教練）が実施されている。

（2）及川平治　―児童中心主義に立脚した教育方法・内容の開発①―

①略歴

　宮城県栗原郡若柳町（現栗原市）の農家に生まれた及川平治（1875-1939）は、若柳小学校高等科を卒業後、代用教員を経て宮城県尋常師範学校に進学した。1897（明治30）年に同校附属小学校訓導となり、20代半ばで茂崎尋常高等小学校校長兼訓導に就任したが辞職し、文検（文部省師範学校中学校高等女学校教員検定試験）の「教育科」に合格して後、1907（明治40）年より兵庫県明石女子師範学校教諭として勤務するとともに同校附属小学校及び附属幼稚園の主事を務めた。

　以後、及川は1936（昭和11）に退官して故郷へ帰るまでの長い期間を同校で過ごし、海外の教育動向に着目した研究や附属小学校での実践を続け初等教育の改革に尽力した。1912（明治45・大正元）年には及川が明石女子師範学校附属小学校着任以来の教育実践を理論的に基礎づけた『分団式動的教育論』を刊行しているが、同書は増刷を重ね2万5000部というベストセラーとなった。また1921年の八大教育主張講演会にも参加し「動的教育論」を展開した。

②分団式動的教育法

　及川は、宮城県や東京府での教職経験で児童の家庭環境や能力の違いに直面したが、明石女子師範学校附属小学校でも子守のために通学が困難な児童や家庭の経済状況から進級できずに

図3-3　及川平治

退学する児童が在籍していた。彼はそのような児童のもとに出向いて学習指導を行うほか、「劣等児」と見なされていた児童に個別指導を開始する。このような試みが軌道に乗ると、及川は学校に在籍する全児童の生活環境、興味、能力の差に応じた教授法を追求するようになった。

　その手がかりをアメリカで開発された様々な教育プランに求めて研究し、彼は、様々な児童が集まる学級の枠組みを維持しながら、一斉教授、個別教授、グループ別の分団教授を児童の実態に合わせ使い分ける「分団式教育」を行った。また、児童を受動的な存在と見なして教師が一方的に教授する教育を「静的教育」であると批判し、児童の自己活動を尊重する「動的教育」の立場を鮮明にする。「分団式教育」も児童の自発的な学習を実現するために考案されたのである。

③生活単元

　及川が教授法研究を深めていく過程で着目したのは経験主義カリキュラムの構成原理である「生活単元（生活単位）」であった。特に経験主義カリキュラム実践のモデル校であったコロンビア大学ティーチャーズ・カレッジ附属実験学校であったリンカーン・スクールでの単元は、ベルギーの新教育指導者ドクロリーの「興味の中心」という概念を基礎として構成されていた。ドクロリー教育法を研究した及川は、児童の「興味」を中心に置き、それを満たす経験を組織して「生活単元」と定義した。

　及川の指導により、明石女子師範学校附属小学校訓導による「生活単元」の開発が行われたほか、附属小学校訓導と附属幼稚園保姆がともに参加する研究会を開いて小学校での「生活単元」を幼稚園教育と関連づけながら開発していった。幼小連携はわが国が取り組むべき重要な教育課題であるが、小学校・幼稚園の教育現場を両方指導していた及川の実践は、その先駆的事例と考えて良い。

（3）木下竹次 ―児童中心主義に立脚した教育方法・内容の開発②―

①略歴

　足羽県大野郡勝山町（現福井県勝山市）で旧勝山藩士の家に生まれた木下竹次（1872-1946）は福井県師範学校、東京高等師範学校文科を卒業して、主として奈良県、富山県、鹿児島県、京都府の師範学校生徒に教育学等を教授するとともにそれらの附属小学校や附属幼稚園の主事を務めた。

　木下が主事を務めた富山県師範学校附属小学校に富山県で初の幼稚園を附設した。そこでは時間割を廃止した保育を行っており、木下自身、後の「合科学習」実践の起源をそこに見出している。また鹿児島県師範学校及び附属小学校では「自学主義」を標榜し自習時間を特設した。その後の1910（明治43）年、鹿児島県師範学校から女子部が独立すると、木下は鹿児島県女子師範学校及び同校内に併設された鹿児島県立第二高等女学校の初代校長となって、女子の裁縫教育改革に取り組み『裁縫新教授法』（1916年）を著した。さらに木下は、京都府女子師範学校校長に就任するとともに、同校に併設された京都府立桃山高等女学校校長を兼帯した。

　1919（大正8）年、彼は奈良女子高等師範学校教授となり、同校附属実科高等女学校及び同校附属小学校の主事を務めた。奈良女子高等師範学校附属小学校では、教育原理として「学習」を掲げた実践を行い、当時の教育界において耳目を集めた。

②「学習」を考える

　木下が附属小学校の教育原理に掲げた「学習」という言葉は、それまで「教授」という言葉を常用してきた教育界にブームを巻き起こした。主著『学習原論』（1923年）において木下は、教師が「教授」の目的・教材・教授過程を決定し児童に与える従来の教育を他律的であると批判し、「自律的学習」の必要性を説いた。それは「教授」の対義語ではなく、教育作用を教授・訓練・養護の3領域で説明されていた当時において、これらの領域全てを含む人間形成全体を「学習」という概念で捉えた。よって、教師の取り組

むべき学習研究の範囲は広範にわたることとなった。

　このように彼が広い意味を持たせた「学習」では、決められたことをいかに学ぶかではなく、児童自身が学習の目的を達成するため、その方法を考え意欲・態度を身につけていくことが目指された。

③合科学習

　奈良女子高等師範学校附属小学校で木下は、まず高学年児童が各自の課題を定めて学習に取り組む特設学習時間を導入した。これは自律的な学習が可能と考えられた高学年より開始され、順次、下級学年にも導入していった。この実践から、やがて初等教育最初の段階からそのような教育を実施することが意義ある実践なのだと考えるようになり、同校では1920（大正９）年から第１学年より「合科学習」が開始されるようになった。この「合科学習」は、特定の時間に限られたものではなく、教科の枠を取り払い、時間割を廃止して教科書に縛られない実践であった。

　「合科学習」実施時においては、学習する「環境」と「題材」の研究が重視された。「環境」については学校近隣の地域がもっぱら活用され、「題材」については各児童の関心や学級での話し合いで決まったものが採用された。同校での学習法の特色は、例えば学級全体で選んだ共通「題材」による学習を行うにあたって、まず個人の学習目標や計画を基とした「独自学習」を行うことが前提で、次にその学習の成果を他の児童に報告して「相互学習」を行い、それを踏まえ再度各自の研究課題を深める「独自学習」に戻るという学習サイクルを導入したことである。また、学ぶべき「題材」として「ゑはがき」「手紙」「ポスト」など３年間同一あるいは類似の題材が繰り返し取りあげられた。同校では「題材」が同じであることが「学習」の程度も同じであるとは捉えず、児童の成長発達とともに同じ「題材」に対して新しい問いや発見が生まれ、そこから学ぶ内容を深化させることが可能であると考えた。

（4）小原国芳 ―児童中心主義に立脚した教育方法・内容の開発③―
①略歴

　1887（明治20）年に鹿児島県川辺郡久志（現南さつま市）で生まれた小原国芳（1887-1977）は、久志小学校卒業後、電信技手として勤務したが教職への憧れから鹿児島県師範学校に進学した。鹿児島県師範学校では木下竹次の薫陶やキリスト教の影響を受け、人間形成における宗教の意義に目を向けるようになった。鹿児島県師範学校、広島高等師範学校本科英文科を卒業した小原は香川県師範学校に勤務ののち京都帝国大学文学部哲学科に入学し、哲学者の西田幾多郎や教育学者小西重直に学んだ。

　京大卒業後、母校の広島高等師範学校に奉職したが、沢柳政太郎からの招聘により1919年に沢柳の小学校改革の実験校として開設された成城小学校の主事となり、大正新教育の指導者として活躍し、八大教育主張講演会の講師を務めた。小原が心血を注ぎ拡充し経営を軌道に乗せた成城学園については、小学校に接続する中学校（旧制）、高等女学校、高等学校（旧制）、そして幼稚園までも創設する構想を着々と実現していった。成城学園に約10年を過ごした小原は、1929（昭和４）年にかねてから提唱していた「全人教育」を実現すべく玉川学園を創設してその教育・経営に専念することとなった。
②全人教育

　小原自身の教育論を「全人教育」と名づけたのは1921年の八大教育主張の講演時であり、その後『全人教育論』（1969年）としてまとめている。「全人教育」の理念は、ペスタロッチやフレーベルが説く人間の調和的発達を目指したものである。また彼は、教育の根本原理として「真・善・美・聖」を掲げ、それらは労作教育によって可能となると考えた。小原の考える労作教育は職業教育と明確に区別され、真・善・美・聖の教育原理に根ざした人間の教育であることが強調された。
③玉川学園

　玉川学園創設の構想において小原は、「学校」や「学園」という言葉より

「塾」という言葉を好んで使用した。それは、明治以降の近代学校とは異なる師弟の生活共有や生涯にわたる関係構築といった「師弟同行」の精神を重要視したからである。

　1929年に小原は幼稚園、小学部、中学部からなる玉川学園を創設した。この学園では、家庭の経済状況に応じて入学金や授業料を一律とせず、また初期には中等学校段階の生徒には寮生活が奨励され教師たちの自宅を塾として24時間生活を共にする形態の教育を行った。

　また小原は体育教育にも力を注ぎ、山岳地帯の滑降を専門とするアールベルグ・スキー術のシュナイダー（墺）や、徒手体操を中心としたデンマーク体操のブック（丁）を招聘している。

Ⅲ　昭和・平成時代における学校教育の展開

1．昭和時代

（1）昭和戦前・戦中期

　昭和に改元されてすぐに金融恐慌・世界恐慌という経済恐慌に見舞われ、1931（昭和6）年の満州事変が勃発して中国との戦争が拡大していく。1935年、教学刷新評議会が設置され国体観念・日本精神に基づく教育の根本方針を確立しようとした。教学刷新の基本方針は、祭祀・政治・教育を三位一体とみなし、教育も政治も天皇制国家に帰一することを強調した。1937（昭和12）年には内閣直属の諮問機関として教育審議会が発足し、その答申により1941（昭和16）年に国民学校令が公布され、初等教育を担当する小学校の名称を国民学校に改め戦時体制に即応するよう変革がなされた。国民学校は修業年限を8年（初等科6年・高等科2年）としてこれを義務教育とした（但し、義務教育8年制は実現に至らなかった）。教育内容を国民科・理数科・体練科・芸能科・実業科に統合し、教育方法は「心身ヲ一体トシテ教育シ、教授、訓練、養護ノ分離ヲ避ク」（国民学校令施行規則）という「錬成」主義が強調

された。中等教育では、1943（昭和18）年に中等学校令が公布され、皇国の道に則った高等普通教育・実業教育を施し、国民の錬成を目指した。それまで別々の法令で規定されていた中学校（旧制）・高等女学校・実業学校を中等教育学校として纏めている。高等教育では、1943年の「教育ニ関スル戦時非常措置方策」により理工医学系を除く大学・専門学校在学者の徴兵猶予を廃止し学徒出陣が進められ、他方、米軍の大都市空襲の激化により学童疎開が実施されるようになった。

（2）戦後の教育改革

　第二次世界大戦後、連合国軍総司令部（GHQ）は戦前・戦中の軍国主義や極端な国家主義に基づく教育体制を否定し教育の民主化を推進した。1946（昭和21）年の米国教育使節団報告書による指摘と日本側の教育刷新委員会の建議により、1947（昭和22）年公布の教育基本法及び学校教育法が制定され、6・3・3・4制の単線型学校体系を採用し、民主化・地方分権・自主性確保を理念とする教育委員会法（1948年）が成立した。また、教育方法においては米国の進歩主義教育思想に基づいた問題解決学習の立場を重視し、子供の個性・興味・関心に応じて展開される見学・観察・報告・討論・劇化・グループ学習などの学習形態を取り上げ、教育課程に新設された社会科を中心とした子供の生活経験を中核とするコア・カリキュラムが実践された。しかし、1950（昭和25）年頃よりそれが子供の基礎学力を低下させるという批判が高まっていった。

　1951（昭和26）年のサンフランシスコ平和条約締結により日本が国際的に独立国になるとともに米ソ冷戦構造が反映されるようになった日本では、1954（昭和29）年の「教育公務員特例法の一部を改正する法律」および「義務教育諸学校における教育の政治的中立の確保に関する臨時措置法」という「教育二法」が可決され、教育委員の任命権や学校運営の中央統制が強化された。教育内容も、1958（昭和33）年の学校教育法施行規則一部改正により学習指導要領が法的拘束力を有するものとなった。

（3）教育の大衆化と教育改革

　高度経済成長期には約17万人の技術者不足が見込まれたため、理工系大学院修士課程増設とともに1961（昭和36）年に実践的技術者養成を目的とした５年制（商船に関する学科は５年６月）の高等専門学校を創設した。さらに教育の重要性を認識した経済界は、経済審議会が1963（昭和38）年に「経済発展における人的能力開発の課題と対策」を答申して多様な人的能力開発の必要性を指摘し、また日本経済団体連合会教育特別委員会が1965（昭和40）年に後期中等教育の多様化や職業訓練の重視などの要望を中央教育審議会に提出した。

　高校進学率は、1954年に50％を超え、1970（昭和45）年に80％を、1974（昭和49）年には90％を超えた。高等教育機関への進学者数も増加し、大学数も私立大学を中心に増加した。また女子の進学先として短期大学を選択する傾向が強かったので、1964（昭和39）年に短期大学制度の恒久化がなされた。

　1971（昭和46）年、中央教育審議会は就学前教育から高等教育までの学校教育全般の在り方に関して答申し、それに沿った学校制度全体の多様化が図られた。

　高等教育制度では、1975（昭和50）年に専修学校専門課程（いわゆる専門学校）が加わり、1976（昭和51）年に学部に基礎を置かない大学院（大学院大学）設置が認められ、1983（昭和58）年に放送大学が開設され高等教育の多様化が進んだ。1979（昭和54）年には国公立大学と産業医科大学の入試方法としてマークシート方式を採用した共通一次試験が導入された。

　特殊教育については、政令により、1979年に養護学校が義務制となり、就学猶予者や就学免除者の数が減少していった。

　教員の資質能力向上に関するものとしては、優秀な人材を教職に誘引するため、1974年に「学校教育の水準を維持向上のための義務教育諸学校の教育職員の人材確保に関する臨時措置法」（いわゆる人材確保法）が制定され、教

員給与の改善と優れた教員確保の条件を整えた。また、学校教育の実践的教育研究を推進することを目的とした新構想の教育大学として兵庫教育大学（1978年）、上越教育大学（1978年）、鳴門教育大学（1981年）を設置したほか、既存の教員養成系大学に大学院修士課程を増設し現職教員研修を促進した。学校運営体制整備のため1974年には教頭の法制化が行われ、さらに1975年に文部省令により主任制度が導入された。

　中曽根康弘内閣の主導により、1984（昭和59）年、首相の諮問機関として臨時教育審議会が発足し4答申が中央教育審議会等に継承された。

　まず個性重視の原則について。新学力観の登場、「総合的な学習の時間」創設、児童生徒への評価を相対評価から絶対評価となり観点別学習評価が導入された。

　次に生涯学習への移行について。1988（昭和63）年、学校教育だけではなく生涯を通じた文教政策への移行を目途として文部省社会教育局を筆頭局の生涯学習局とし、さらに都道府県における生涯学習事業の推進が図られた。そのほか、「留学生受け入れ10万人計画」による国際化推進や、情報化推進の方策がとられた。

　中等教育について。1993（平成5）年から単位制高等学校が制度化された。

2．平成時代

　平成前期の学校教育が目指したのは、ゆとりを持たせることと多様化の推進であった。

　1991（平成3）年に高等学校の多様化・弾力化につき中央教育審議会から答申があり、高等学校の普通科と職業科を統合した総合学科の設置を促した。

　1994（平成6）年に宮崎県五ヶ瀬中高等学校が公立初の中高一貫校として発足し、また1998年、学校教育改正により中高一貫教育を行う中等教育学校が発足した。ゆとりを学校教育にもたらすため、1992（平成4）年に学校週5日制（毎月第二土曜日が休業日）とし、1995（平成7）年からは第2土曜日

に加え第4土曜日も休業日となった。さらに2002（平成14）年には公立小中学校及び高等学校の多くで毎週土曜日が休業日となり完全な週5日制となった。

　平成後期は行政機構の再構築と、脱ゆとり教育へと舵を切る傾向が顕著となった。2001（平成13）年、中央省庁再編により文部省と科学技術庁が統合され文部科学省が発足し、また2004（平成16）年には国立大学が学校法人化された。2011（平成23）年にスポーツ基本法が公布され、2015（平成27）年に文部科学省外局としてスポーツ庁が設置された。

　2002年遠山敦子文科相は「確かな学力向上のための"学びのすすめ"」を公表していたが、2004年のOECDが行った国際学力テストで日本の順位が大きく下がったこと等を理由として脱ゆとり教育へと転換していく。

　学校制度では2016（平成28）年に、学校教育法第1条校として小中一貫教育を行う義務教育学校が創設された。学校の在り方として、地域住民が学校運営に参画できるようにする仕組や考え方を有する形態として学校評議員より強い権限を持つ学校運営協議会を置いたコミュニティ・スクールは、2017（平成29）年から導入することが努力義務となった。また、同年の社会教育法改正により地域学校協働活動を実施する教育委員会が地域住民等と学校との連携協力体制を整備する「地域学校協働活動」に関し、地域住民と学校との情報共有や助言等を行う「地域学校協働活動推進員」の委嘱に関する規定の整備がなされた。

【引用・参考文献】
　日本近代教育史事典編集委員会『日本近代教育史事典』平凡社、1971年。
　田中克佳編『教育史』川島書店、1987年。
　文部省編『学制百二十年史』ぎょうせい、1992年。
　久保義三・米田俊彦・駒込武・児美川孝一郎編『現代教育史事典』東京書籍、2001年。
　石村華代・軽部勝一郎編『教育の歴史と思想』ミネルヴァ書房、2013年。

佐藤環編『日本の教育史』あいり出版、2013年。

第4章　公教育制度の成立と展開

Ⅰ　公教育の原理

1．公教育とは

　公教育（public education）とは、私教育に対する概念であり、国家や地方自治体といった公権力により設立され、公費により運営され、公的関与の下に行われる教育のことである。その特徴として、国や地方公共団体によって学校が設置され、公費によってこれを維持し、基礎的・一般的教育については、すべての者に教育を受ける義務を課している点を挙げることができる。つまり、公教育は、国公立・無償・義務という三つの要素から成り立っているのである。

　ただし、私立学校を公教育とするか私教育とするかは公費助成の関係から見解がわかれている。日本では私立学校を公教育としているが、欧米ではこれを私教育に分類する場合が多い。

2．公教育の歴史

　公教育の原型を歴史的にたどると、古代ギリシャや古代ローマの都市国家（ポリス）での市民に対する教育に求められる。そこでは、市民の資格を持つ者としての資質形成が教育の目的であり、重要な関心事であった。古代国家では市民の子供は国家に属しており、国家は障害を持つ子の父親に対してこれを殺すよう命じていたことがスパルタやローマの古い法典に記されている。

　中世ヨーロッパのカトリック的世界においては、教育は教会の支配下に置

かれ、祈りの教育と秩序への服従が要求されたが、子供の発達段階に着目した人間教育への関心は薄かった。14世紀以降以降には、カトリック教会の腐敗に対する改革運動が高揚し、聖書の理解を中心とした民衆教育に取り組んでいった。ルター（Martin Luther, 1483-1546）は、聖書のドイツ語訳に取り組むほか義務教育を主張していた。またボヘミアの改革者コメニウス（J.A. Comenius, 1592-1670）は、真理は教育を通じて万人のものとなるべきだと考え『大教授学』において「すべての人に、すべてのことを」教える技術を述べた。教育が庶民に共通する一般的なものであり、民衆共通の関心事として把握される契機を、彼ら改革の先導者たちが与えたのである。

　宗教改革によりカトリック普遍世界がほころび、やがて絶対王政の国民国家が勃興してくると、国王は宗教的支配を退けながら臣民の教育を手中に収めようとした。啓蒙専制君主として有名なプロイセンのフリードリッヒ2世（Friedrich II, 1712-1786）の下での義務教育制度（1765年の一般地方学事通則による）は、その代表例である。

　18世紀後半のアメリカ独立革命やフランス革命では、革命の精神を根付かせるために教育への関心が高まるのだが、その潮流は絶対王政下の「国家による教育」が公教育であるという概念を転換させ、教育は「万人共通の関心事」として公的なものであるという、近代公教育思想を提起するものであった。注目されるのが、教育を考える前提として国民主権と人間の権利が確認され、教育はそれ自体が人権の一つであるとともに人権を実現する手段であり、且つ不可欠の前提として意味づけられたことである。

　しかし、この人権思想と結びつく近代公教育思想は、教育の制度化を主導する原理とはならなかった。資本主義の発展に伴い欧米列強は、労働力の保全や再生産の観点と、社会の階級分化と対立への治安対策的発想による学校教育の制度化が徐々に推進されていった。19世紀末までに西欧各国で、国民形成を課題とする教育の制度化が国家主導により進められ、国家的規模で義務教育制度が整備されていった。勿論、公教育体制の実現は一挙になされた

ものではなく、各国の政治的・経済的・社会的事情によって公教育制度の成立過程は異なっているけれども、イメージとして概ね公教育については国家権力が主導する教育であったと言えよう。

　公教育を考える上で、国家や宗教との関わり方や公共性のとらえ方が常に問題となる。国が公教育の主体で児童・生徒はその客体であると考え、教育内容や教育方法などまで国家が管理するのは当然だとする論がある一方、教育を国家の干渉から独立した「私事」と見なすとともにその私事の共同化を通じて新しい公共性を模索すべきだとの考え方もある。民衆的基盤に立つ共同性や公共性と、教育との関係の創造が求められている。

３．わが国の公教育

　わが国において、公教育は法令の定めに基づいて運用される「公の性質」を持つ教育組織と解されている。公教育について言及している教育基本法（2006年改正）第６条では、「法律に定める学校は、公の性質を有するものであって、国、地方公共団体及び法律に定める法人のみが、これを設置することができる」と規定している。

（1）法律に定める学校

　教育基本法第６条にある「法律」とは学校教育法（2019年６月施行）であり、その第１条で「学校とは、幼稚園、小学校、中学校、義務教育学校、高等学校、中等教育学校、特別支援学校、大学及び高等専門学校」と規定した。第１条に定められた学校以外には、「職業若しくは実際生活に必要な能力を育成し、又は教養の向上を図る」ための教育施設を専修学校（同法第124条）、「学校教育に類する教育を行うもの」である各種学校（同法第134条）が規定されている。「法律に定める学校」且つ監督庁の指導・助言を受ける学校であれば「公の性質」を持つものとしての自覚が求められる。

（2）設置者と授業料

　教育基本法第６条により、学校を設置できるのは「国、地方公共団体及び

法律に定める法人」としている。法人の例としては、国立大学法人や私立学校法による学校法人（私立学校法第 3 条による公益法人）を挙げることができる。わが国では、国公立学校はもちろんのこと、私立学校法に基づいて設置されている私立学校も「公の性質」を持った公教育を担う教育機関として認識されており、私学に対する公費助成の根拠もこの点に求められている。

　これら「学校の設置者は、その設置する学校を管理し、法令に特別の定のある場合を除いては、その学校の経費を負担」（学校教育法第 5 条）することとなっている。また同時に、「学校においては、授業料を徴収することができる」と規定しているが、国立又は公立の小学校及び中学校、義務教育学校、中等教育学校前期課程、特別支援学校小学部・中学部は義務教育期間であるため授業料を徴収できない（同法第 6 条）。2010（平成22）年より高校授業料無償化・就学支援金支給制度が始まり、高等学校、中等教育学校後期課程、特別支援学校高等部、専修学校高等課程、各種学校の高等学校相当課程、高等専門学校の後期中等教育段階に在学している生徒数に応じて、学校設置者に対して授業料の全部又は一部相当額が支給されるようになった。2019（令和元）年からは 3 歳から 5 歳の幼児が通う幼児教育施設の授業料・保育料が無償（但し上限あり）となったが、共働き・シングルの家庭と専業主婦（夫）の家庭とで扱いが異なる。

Ⅱ　義務教育制度

1．義務教育制度

（1）義務教育の定義

　「義務教育」とは、近代国家が国民に対して就学の義務を課する、すなわち就学強制を行うことである。「義務教育」の語が成立した時代には保護者が子供に教育を授ける義務として強調されたが、やがて国家の基本理念として「教育を受ける権利」を国民に保障するようになった。義務教育が法制化

されたのは、1852年のアメリカ合衆国マサチューセッツ州における「義務教育法」が最初とされ、やがて1876年のイギリスにおける「初等教育令」など陸続として諸国がそれに続いた。

（2）義務教育の類型

　義務教育の対象者を決める基準で、特定の年齢の期間に限定して義務教育対象者とする方式を「年齢主義」、特定した発達段階に達して後に特定の課程を修了までとする方式を「課程主義」と呼ぶ。ただ、このような概念は学校での進級基準とは異なる。

　学校教育課程の共通性をどの程度確保し、どの程度の弾力性を持たせるのかを考慮する履修原理として、「履修主義」と「修得主義」を挙げることができる。「履修主義」とは、教育を受ける者が所定の教育課程を能力に応じて一定年限履修すればよく、所与の教育目標を満足する成績は求めない。「修得主義」とは、教育を受ける者が所定の教育課程を履修したうえで、その教育目標の基準以上の業績をあげることが求められ、その基準に到達しなければ教育課程を修了したと認められない。日本では、前者が義務教育を担当する学校で、後者が高等学校や大学で採用されている。

2．各国の義務教育制度

（1）義務教育の年限

　義務教育の年限は国・州で異なり、5年間とするベトナムやバングラデシュなど、6年間とするフィリピン、ペルーやマレーシアなど、8年間とするインド、チリ、ブラジルやモンゴルなど、9年間とする国は最も多く日本、ドイツ（州により異なる）、アメリカ（州により異なる）、オーストリアやメキシコなど、10年間とする国も多くフランス、スペイン、カナダ（州により異なる）、アルゼンチンやニュージーランドなど、11年間とするイギリス、イスラエルやルクセンブルクなど、12年間とするオランダやハンガリーなどがある。

　義務教育の始期については、多くの国で6歳を採用しているが、オランダやルクセンブルクのように4歳を採用する国、コロンビア、ベネズエラ、アルゼンチン、イギリス、イスラエルなど5歳を採用する国、ブラジル、スウェーデン、フィンランド、デンマーク、インドネシアなど7歳を採用する国がある。

　なお、義務教育の年限や始期は、諸国の事情や教育改革によって変化するものであり、不易ではないことに留意せねばならない。

（2）義務教育の運用

　各国が義務教育制度を施行・運用する際には、国情に対応して選択肢を用意する場合がある。その代表例がホーム・スクール（家庭教育）を義務教育として認めるというものである。

　アメリカは、ホーム・スクールが全州で就学義務の免除として認められている。ホーム・スクールの教員資格を規定している州は少ない。ホーム・スクールを利用する子供には、多くの州で指定されたテストを指定された学年で受けることが課されている。また、学習時間等の記録を学区に定期的に提出することが求められている場合も多い。

　イギリスでも、家庭で教育を行うホーム・スクールは認められている。教育内容に規制はなく全国共通カリキュラムも適用されない。但し、地方教育当局は子供が家庭で適切な教育を受けていないと判断された場合に就学命令を出すことができる。

　フランスでも同じく、義務教育を家庭で行うことが認められている。大学区視学官は年1回以上の学力検査を行って学力不足と認められた場合は公立学校への入学命令を発する。

　概してホーム・スクールを義務教育として許容する国において、ホーム・スクールによる教育が子供の学力水準を維持できなければ公立学校へ就学するように指導している。

3．日本の義務教育制度

(1) 戦前期の義務教育

　1872（明治5）年に近代教育制度をデザインした学制が頒布されて以降、就学することは奨励されても強制されるものではなかった。しかし、初代文部大臣の森有礼が1886（明治19）年に発した第1次小学校令では父母後見人等は学齢児童に普通教育を受けさせる「義務」がある（小学校令第3条）と規定し、児童は尋常小学校卒業（3年から4年）まで就学すべきものと規定した。さらに1900（明治33）年の第3次小学校令・市町村立小学校費国庫補助法による無償制の確立により就学率がさらに向上していった。

　戦前期の義務教育には、三つの選択肢があった。一つは尋常小学校で学ぶ場合、次に「小学校ニ類スル各種学校」で学ぶ場合、そして市町村長の許可が必要だが家庭教育で代替するというものである。

　黒柳徹子（1933-）が著した自叙伝的小説『窓ぎわのトットちゃん』（1981

図4-1　『窓ぎわのトットちゃん』表紙

年）では、トットちゃん（黒柳自身のこと）が小学校文化になじめず教師から問題児の烙印を押されたことにより、1年生の時に公立小学校を退学処分となり、2年次より各種学校であるトモエ学園（東京都目黒区自由が丘）に転校し、そこでの自由な教育環境で個性を開花させていったことが述べられている。

　このような義務教育の在り方が修正されたのは、戦時下の1941（昭和16）年に発足した国民学校からである。文部省訓令により国民学校（小学校を名称変更）では今まで認められていた家

庭教育を義務教育と見なすことを廃止し、各種学校も行政指導の下で廃止される学校が続出した。つまり、義務教育は国民学校しか選択肢がないように政策的誘導がなされたのである。

(2) 戦後の義務教育

1947 (昭和22) 年に公布された教育基本法第 4 条では日本国憲法第26条第 2 項の規定を受けて、義務教育の年限を 9 年と定めるとともに、義務教育の無償の意味を国公立義務教育諸学校における授業料不徴収というかたちで明確にした。

9 年間の義務教育に関しては、さらに学校教育法で具体的に規定された。保護者は子女を満 6 歳から満12歳までの 6 年間を小学校に、小学校修了後満15歳までの 3 年間を中学校に就学させる義務を負うことになった (学校教育教法第19条、第22条、第37条、第39条)。また、市町村は小学校と中学校の設置義務を負い (同法第29条、第40条)、国や地方公共団体が設置する義務教育諸学校では授業料を徴収せず無償とした (同法第 6 条)。ここに義務教育を行うのは小学校・中学校であり、戦前期に選択肢として認められていた各種学校や家庭教育は想定されていない。

第二次世界大戦後の混乱期には学籍があっても就学することが困難な場合が多かったが、統計上は戦後一貫して学齢児童・生徒ともに就学率がほぼ100パーセントとなっている。しかし、数字の上では高い就学率を維持するものの、実態としては病気や貧困などの理由がないまま長期欠席をする児童・生徒の増加が見られるようになり、その現象を1950年代には「学校嫌い」、1960年代からは「登校拒否」、さらに「不登校」として大きく取りあげられるようになった。なお、「登校拒否」や「不登校」の用語については、統一された定義はなく、自ら進んで学校に行かない場合が「登校拒否」、自らの意思があろうがなかろうが長期欠席する状態を「不登校」とする傾向がある。

（3）義務教育を多様化しようとする潮流

　病気や貧困などの理由がなく長期欠席を続ける児童・生徒の増加が社会問題となった1980年代には、登校拒否をする児童・生徒に対する考えとして、病気（無気力症）だから治療すべきだとする見解と、荒廃した学校教育から離れることで精神の安定や希望を見いだすための行動だとする見解にわかれた（朝日新聞、1988年9月16日・同年10月24日）。

　このような登校拒否や不登校の児童・生徒の増大に対応するため、義務教育制度のあり方や運用の見直しが行われた。

　何らかの理由から不登校や引きこもりとなった子供たちが小中高校の代わりに過ごす場所として個人・NPO法人・ボランティア団体等が運営する民間教育機関であるフリースクールがある。その扱いについて文部科学省は、フリースクールの出席を学校に出席していたと見なして指導要録に記載してよいとする判断をした。義務教育である小学校・中学校では学校不適応対策調査研究協力者会議の報告を受け、1992（平成4）年の文部省初等中等教育局長通知により登校拒否の児童生徒が小中学校復帰を前提として、フリースクールが自立を助けるために有効かつ適切であると校長が判断した場合には、在籍する学校の指導要録では出席扱いとすることが認められた。2009（平成21）年には高等学校においても小中学校と同様に、フリースクール通学が指導要録で出席扱いとすることが可能となった。

　また2005（平成17）年には文部科学省初等中等教育局長から「不登校児童生徒が自宅においてIT等を活用した学習活動を行った場合の指導要録上の出欠の取扱い等について」という通知がなされた。家庭での学習も、保護者と学校との間に十分な連携・協力関係が保たれていること、IT（ICT）や郵送などを活用して提供される学習活動であること、校長は当該児童生徒に対する対面指導や学習活動の状況等について十分に把握することなど、一定の要件の下で指導要録上出席扱いとすることや学習成果を評価に反映することができることとしたのである。

　2014（平成26）年には教育再生実行会議でフリースクールの制度的位置づけや公費負担の検討がなされ、2015（平成27）年には超党派の「フリースクールの環境整備を目指す議員連盟」によりフリースクールを義務教育の一環として位置づけようとする「教育機会確保法」の原案を公表した。約70年ぶりに義務教育に選択肢を設けようとする刮目すべき内容であった。それは審議を経て2016（平成28）年12月に「義務教育の段階における普通教育に相当する教育の機会の確保等に関する法律」（以下「教育機会確保法」）として成立・公布されたが、当初目指していた学校のほかにフリースクールなど学校以外での学習によっても可能となる義務教育制度の創設には反対意見が強く大幅な修正が行われた。

　教育機会確保法のポイントとして、国や地方自治体がまず不登校児童生徒の学校以外の学習・心身の状況を継続的に把握する措置を講じること、次に不登校児童生徒の多様な学びの重要性や休養の必要性を踏まえた情報提供・助言を行うこと、そして地方自治体は小中学校に通学できなかった者に対し

表 4-1　不登校児童・生徒の割合の変遷（出所：文部科学省ホームページ）

不登校児童生徒の割合（平成28年度）
小学校 0.48%（208人に１人）／中学校 3.01%（33人に１人）／計 1.35%（74人に１人）

て夜間中学校等の教育機会を提供することであり、施行後３年以内に見直しを含めた必要な措置をとることとした。

（4）多様化する義務教育

　条件が伴うけれども小学校・中学校以外の教育施設での学習や自宅での学習が指導要録上出席扱いとすることが可能となったことや、教育機会確保法の施行などにより、「学校に通うべきだ」、「学校に通わねばならない」とする意識が弱まり、自分の都合に合わせて学校を利用する者や多様なフリースクールが設置されるようになり、多様な代替教育（オルタナティブ教育）が現れるようになった。

　まず、学校に通学せず家庭を拠点として学習を行うホーム・スクール（ホーム・スクーリング、ホーム・エデュケーション）を選択する事例。ホーム・スクールを行う場合、通っていた学校や公的機関との連携のほか、子供が社会と交流できる場所の確保などが問題となる。特に後者は、子供の考え方以上に保護者の経済力、人間関係や地域性が影響すると考えられる。2016年に『見てる、知ってる、考えてる』を著した当時10歳で不登校児となっていた中島芭旺は、脳科学者の茂木健一郎、実業家の堀江貴文などとの交流がマスコミにより喧伝され、「不登校」に対する世間のイメージに一石を投じた。

　次に、学校と学校外の学びを組み合わせた教育方法（ハイブリッド・スクーリング）を選択する事例。学校に行かせるより家で学ぶ方が伸びると判断した保護者によって、その児童は週に一回小学校に行って体育だけ参加し、それ以外の日にはアート・スクール、探求型の学習塾、英語で税金や株について学ぶスクールに通っている。保護者が、学校で画一的に教えられるよりも家での生活の延長で学んでいくほうが力を伸ばせると判断したためである（高山千香「学校に行くのは週１　前向きな不登校を選択したある親子の挑戦」2017年12月20日配信）。

　そして、フリー・スクール設置の対応事例である。広島県北広島町のように不登校になった子供に対して母親たちがフリー・スクールを立ち上げ、将

来の進学までを配慮して通信制高校と提携し高卒の資格を取れる仕組みのほか、アセスメントを定期的に学校に提供し復学できる仕組みも取り入れている。他方、学校の中にフリー・スクールを内蔵させる「校内フリー・スクール」とも言うべき取り組みもある。イエナ・プランを参考にした学校教育を志向する広島県教育長のもと、広島県福山市にある一部の公立中学校では中学校内にフリースクールを併設する試みがなされている（2019年 5 月30日放映、NHK スペシャル「子どもの"声なき声"」シリーズ第 2 回「"不登校" 44万人の衝撃」）。

【引用・参考文献】

文部省編『学生百年史』ぎょうせい、1972年。

長尾十三二『西洋教育史　第 2 版』東京大学出版局、1991年。

日本教育学会編『教育学研究』第67巻第 1 号、日本教育学会、2000年。

谷田貝公昭・林邦雄・成田國英編『教育基礎論』一藝社、2001年。

広岡義之編著『教育の制度と歴史』ミネルヴァ書房、2007年。

早田幸政『教育制度論』ミネルヴァ書房、2017年。

文部科学省『諸外国の教育統計　平成29（2017）年版』、2017年。

第5章　学校制度と教育方法

Ⅰ　学校制度

1．学校制度の諸類型

　教育制度は「ある一定の教育目的を達成するための機能を持つものとして、その存続が社会的に公認されている組織」であると定義されるが、学校教育制度はその中で最も意図的に計画化・組織化されたものであり、歴史的にも社会的公認がなされて久しく定着している。今日における種々の学校は、それぞれ固有の教育目的に合わせた教育活動を通じて一定の教育成果を達成しようとするが、一人一人の生涯にかかわる教育の全てについて単独あるいは個別的にその機能を果たすことはできない。従って、段階的にも系統的にも、相互に密接な関係性を持った学校の体系を構成するようになるのである。

　学校制度は、それぞれの特徴を持った学校の組み合わせ方により、以下のような区分が可能である。

(1) 教育水準別

　初等教育、中等教育（前期・後期）、高等教育

(2) 教育目的・内容別

　普通教育、職業（専門）教育、義務教育、教員養成（教師教育）、幼児教育、女子教育、宗教教育など

(3) 教育形態別

　全日制教育、定時制教育、放送・通信制教育など

(4) 設置者別

　国立学校、公立学校、私立学校など

　なお、学校制度は様々な学校の接続関係を、縦断的にとらえる「学校系統」と、横断的にとらえる「学校段階」とにより成り立っている。学校系統は教育対象の属性（性や所属階層）、能力、進路（進学や就職）、教育内容（普通教育や職業・専門教育）などによって、学校段階は教育対象の年齢、教育水準、教育機能（基礎教育、準備教育や完成教育）などにより構成されるが、それぞれの組み合わせ方は各国の学校制度を支える歴史的・社会的背景により異なっている。

２．学校制度の歴史的展開

（1）欧米における学校制度の展開

　ヨーロッパにおける学校制度は、下構型学校系統と上構型学校系統を複合するかたちで発達した。

　下構型学校系統の起源は12〜13世紀にまで遡る。当時のイタリアなどでは専門職（聖職者、法曹、医者）の需要が高まり、専門的学術を教授する学塾が各地に生まれ、それらの中からやがて大学へと発展するものが現れた。しかし、ルネッサンス期を過ぎる頃になると、大学はカトリック教会、神聖ローマ帝国皇帝や国王など保護と干渉を受けて保守化し、本来の学問研究の深化を目指すよりも貴族的教養を提供する傾向が顕著となっていった。さらに、保守化・貴族化した大学では入学資格を古典学校卒業生とするようになったので、古典学校はやがて大学の下に接続する中等学校として専ら大学の予備校的役割を担っていく。このようにして、貴族階級の子弟を対象として主に教養教育を与えようとする中等教育組織が、最高教育機関としての大学の下部に位置する学校として「上から下へ」順次構築されていった。これを「下構型学校系統」と呼んでいる。

　貴族や上流階級のための学校に比して、一般民衆のための学校成立は、はるかに立ち後れた。ヨーロッパ諸国における一般民衆を対象とした学校の整備と組織化は、17〜18世紀の宗教団体や民間団体による教育普及運動、さら

には19世紀中葉以降の近代国家における国民教育の法制化などにより展開された。このような潮流のもとで成立した学校では、短期間で初歩的な読・書・算を習得させることを目的としていたが、やがて国民教育を普及させる政策により、教育内容の拡大や学年制の採用が促進されるとともに就学期間の延長が図られた。19世紀末以降の資本主義諸国では、自国の経済発展のため、従来ほとんど徒弟制に委ねられていた職業教育を学校教育に取り込み組織化する傾向が強まった。その結果、一般民衆子弟を対象とする学校は、次第に初等教育を担当する小学校の上に職業教育を行う学校が接続するようになり、「下から上へ」向かって、順次学校が整えられていった。これを「上構型学校系統」と呼ぶ。

このように欧州諸国の学校制度は、下構型学校系統が先行して発達し、やがて上構型学校系統の成立に伴い、二つの学校系統がそれぞれの教育目標や教育対象などを異にしながら並列する構造を持つようになった。これを複線型学校体系（ヨーロッパ型学校体系）と呼び、構造的にみて系統的な性格が強いとされている。

一方、封建制時代を持たず歴史的背景が浅いアメリカでは、単一の学校系統を基礎とする学校体系が発展した。これを単線型学校体系（アメリカ型学校体系）と呼び、構造的にみて段階的な性格が強いとされている。

学校体系は、複線型と単線型を両極として、その中間に分岐型を置いた三類型に区分することが一般的である。

(2) 日本における学校制度の展開

我が国における近代学校制度の起点は1872（明治5）年の「学制」にある。机上論とはいえ学制による学校制度の構造は、小学8年（下等小学4年・上等小学）、中学6年（下等中学3年・上等中学3年）、大学3年を主軸とした単線型を予定した。しかし1881（明治14）年には、小学校6年修了後に中等学校への進学者と小学校高等科への進学者とに二分される分岐型となり、その後の度重なる法令改正により、初等教育学校（尋常小学校）は単一化された

けれども、中等教育段階以上では複雑に分岐した学校体系となった。

　第二次世界大戦後の学制改革では、戦前期の複線型学校制度から、教育の機会均等の理念に基づく 6・3・3・4 制（小・中・高・大）の単線型学校制度に転換された。その後、高等専門学校の設置（1961年）、短期大学の恒常的設置（1964年）、専修学校の設置（1975年）、中等教育学校の設置（1998年）、義務教育学校の設置（2016年）がなされたが、それは個性と能力の多様性に依拠する複線型学校体系への移行と考えてよい。これは、教育の機会均等という理念に基づく教育の量的拡大と教育水準の維持向上を推進したことにより生じた学校教育の管理的かつ画一的平等化への反省だけではなく、政府による科学技術立国という国家目標の遂行に必要な人材育成施策がこの変容を促進したのである。

（3）学校教育法に規定された学校体系

①幼稚園

　幼稚園教育の目的は、「義務教育及びその後の教育の基礎を培うものとして、幼児を保育し、幼児の健やかな成長のために適当な環境を与えて、その心身の発達を助長すること」（学校教育法第22条）である。幼稚園への入園資格は満 3 歳から小学校就学の時期に達するまでの幼児である。幼保一元化の潮流により幼保連携型認定こども園となる場合や、幼稚園型認定こども園となる場合がある。

②小学校

　小学校の教育目的は、「心身の発達に応じて、義務教育として行われる普通教育のうち基礎的なものを施すこと」である（同法第29条）。修業年限 6 年の義務教育機関である小学校は、市（区を含む）町村に設置義務がある。国又は地方公共団体が設置する小学校において授業料は徴収されない。

③中学校

　中学校の教育目的は「小学校における教育の基礎の上に、心身の発達に応じて、義務教育として行われる普通教育を施すこと」（同法第45条）である。

中学校の修業年限は3年で、9年間にわたる義務教育の完成段階として位置づけられ、平和的な国家・社会の形成者として相応しい資質、職業の基礎、学校内外における社会活動の促進、公正な判断力の育成が求められている。なお、小学校と同様に国公立の中学校教育は無償である。

④義務教育学校

　義務教育学校の教育目的は「心身の発達に応じて、義務教育として行われる普通教育を基礎的なものから一貫して施すこと」（同法第49条の二）である。2016（平成28）年の学校教育法改正により成立した、小学校課程から中学校課程までの義務教育を一貫して行う学校である。小学校、中学校と同様に国公立の義務教育学校は無償である。今まで中学校教育の特徴とされてきた教科担任制、定期考査、部活動、校則の統一化などを、義務教育学校では小学校段階から導入することが可能となっている。

⑤高等学校

　高等学校の教育目的は「中学校における教育の基礎の上に、心身の発達及び進路に応じて、高度な普通教育及び専門教育を施すこと」（同法第50条）である。高等学校には、全日制、定時制、通信制の課程を置くことができ、修業年限は全日制が3年、定時制と通信制は3年以上とされている。高等学校の類型として、高等普通教育を主として行う普通科高等学校のほか、高等普通教育に加えて専門（職業）教育を施す専門高等学校や、普通科と専門学科を擁する総合制高等学校がある。

⑥中等教育学校

　中等教育学校の教育目的は「小学校における教育の基礎の上に、心身の発達及び進路に応じて、義務教育として行われる普通教育並びに高度な普通教育及び専門教育を一貫して施すこと」（同法第63条）である。1998（平成10）年の学校教育法改正により新設された中高一貫教育を行う学校種である。特色として、中学校と高等学校の内容を一部入れ替えて学習を行うことができるようになり中学校と高等学校で重複した内容を整理した学習が可能となる

ほか、前期課程（中学校課程）で一部高等学校の内容を学習することも可能
となった。

⑦特別支援学校

　特別支援学校の教育目的は、「視覚障害者、聴覚障害者、知的障害者、肢
体不自由者又は病弱者（身体虚弱者を含む。）に対して、幼稚園、小学校、中
学校又は高等学校に準ずる教育を施すとともに、障害による学習上又は生活
上の困難を克服し自立を図るために必要な知識技能を授けること」（同法第
72条）である。特別支援学校の設置義務は都道府県にあり、原則として小学
部・中学部を設置しなければならないが、さらに幼稚部や高等部を設置する
ことができる。

⑧大学

　大学の教育目的は、「学術の中心として、広く知識を授けるとともに、深
く専門の学芸を教授研究し、知的、道徳的及び応用的能力を展開させるこ
と」（同法第83条）である。また、「深く専門の学芸を教授研究し、専門性が
求められる職業を担うための実践的かつ応用的な能力を展開させること」
（同法第83条の二）を目的とした専門職大学も認められた。

　大学の修業年限は4年であるが、特別の専門事項を教授研究する学部や夜
間学部などについては4年を超えることができ、医学、歯学、薬学や獣医学
の学部については6年となっている。一方、卒業の要件として当該大学の定
める単位を優秀な成績で修得したと認める場合には3年で卒業できる。

　大学には通信制課程を置くことができ、「学術の理論及び応用を教授研究
し、その深奥をきわめ、又は高度の専門性が求められる職業を担うための深
い学識及び卓越した能力を培い、文化の進展に寄与すること」を目的とする
大学院を設置できる。特例として大学院のみを置く大学院大学も設置可能で
ある。

　なお、1964（昭和39）年から恒久化された2年制または3年制の短期大学
は「深く専門の学芸を教授研究し、職業又は実際生活に必要な能力を育成す

ること」を主目的とする。専門職短期大学は「深く専門の学芸を教授研究し、専門性が求められる職業を担うための実践的かつ応用的な能力を育成すること」を目的とする。

⑨高等専門学校

　高等専門学校の教育目的は、「深く専門の学芸を教授し、職業に必要な能力を育成すること」（同法第115条）であり、修業年限は商船に関する学科が5年6か月であるが、その他の学科は5年である。

⑩専修学校・各種学校

　学校教育法第1条校以外の教育施設には、専修学校と各種学校がある。

　1975（昭和50）年に発足した専修学校は、「職業若しくは実際生活に必要な能力を育成し、又は教養の向上を図ること」（同法第124条）を目的として組織的教育を行う。専修学校には専門課程、高等課程又は一般課程を置く。

　各種学校は、専修学校での教育以外で「学校教育に類する教育を行う」（同法第134条）ものである。

Ⅱ　教育の方法を探る

1．教育方法とは何か

　教育方法は、教育目的と密接な関連を保ちながらその在り方を追求されてきた。教育方法とは、狭義には教授・学習指導の領域のみに限定して用いられるが、広義には教授・学習指導を中心として学級経営や生活（生徒）指導までを含む。前者の場合では教育方法学は教授学と一致し、後者の場合では教授理論だけでなく学級の組織や経営を論ずる学級論、教育課程論、生活（生徒）指導論まで含めて教育方法学と呼んでいる。

2．教育方法の思想

　教育方法における科学性は、コメニウス（Comenius, J.A.）、ペスタロッチ

(Pestalozzi, J.H.)、フレーベル（Fröbel, F.W.A.）、ヘルバルト（Herbart, J.F.）らにより形成・推進された。彼等は教育方法の基礎法則を発見することに努めたが、その根底には、知識は感覚を通してのみ得ることができるから、学習は事物の観察に始まり、次に思想に移り、最後にこれを言語で表現するという順序をとるという思想があった。

　20世紀に入ってからの教育方法研究は、進歩主義教育運動、教育心理学の進歩、教授の個別化、教授メディアの側面から考えることができる。

①進歩主義教育運動の側面について。進歩主義がもたらした教育方法上の特質は、教育が経験の再構成である（デューイ）という立場から活動主義を強調することである。子供の要求や興味の重視、問題解決による知識の習得、協同的経験の重視が特徴として挙げられる。

②教育心理学の進歩の側面について。20世紀初頭にヴント（Wundt, W.）が確立した実験心理学の影響を受けて、児童の発達・学習・教授などを実験的に扱う実験教育学が生まれた。教育方法において「レディネス」が重視されるようになったのも児童研究の深化と関連している。

③教授の個別化の側面について。第一次世界大戦後に、学級組織を一応解体するパーカスト（Parkhurst, H.）のドルトン・プランや、学習者が自己の速度に合わせて自ら学習診断することを重視するウォッシュバーン（Washburne, C.W.）のウィトネカ・プランなどが創始された。

④教授メディアの側面について。模型・標本・絵画のような事実や現象を理解させるための古典的で静的な教育メディアに対して、20世紀以降には技術革新によりレコード・ラジオ・映画、そしてテレビ・ティーチングマシンなどの出現を経て、当今では ICT と総称されるメディア教育を学校教育に普及・定着させることが喫緊の課題となっている。

Ⅲ　学習形態・方法の開発

　今次の学習指導要領改訂において特に強調されたのが、「アクティブ・ラーニング」（主体的・対話的で深い学び）と呼ばれる学習形態や指導法の開発、推奨と普及である。「アクティブ・ラーニング」とは、教師による一方的な講義形式の授業ではなく、課題の発見や解決に向けて学ぶ側の能動的な学習への参加を促す学習方法の総称であり、発見学習、問題解決学習、体験学習、調査学習等のほか、グループディスカッション、ディベート、グループワークなどが想定される。

　このアクティブ・ラーニングを実践するに際していくつかの課題が指摘されている。一点目は、是が非でも「アクティブ」な学習にせねばならいと考え活動中心の授業となり「協働的」に行う活動が形骸化して単なるグループ学習になってしまうという懸念である。身につけて欲しい学習内容に対して、どのような形態や方法を選べば学習効果をもたらすのか、個人による学習活動と比較して「協働的」学習活動がどのようなアドバンテージを生み出せるのかを教師自身が検証していかねばならない。二点目は根源的な問いなのだが、アクティブ・ラーニングという学習方法を用いることにより「学び」は本当に深まるのかという懸念である。単なる「調べ学習」では新しい知識を得ることはできても「学び」が深まるわけではないであろう。「学び」を深めるためには、学習者自身が解決したい「問い」を意識して探究することが大切であり、学習過程において既有知識や新たに獲得した知識を用いて考えを構成、比較検討しながら思考を深めて結論を導き出すことが肝要である。

　このようにアクティブ・ラーニングの実行については極めて現代的課題として認識すべきではあるけれども、我々の先達も同様な意識や課題を持ち対応しようとした。その成果を以下に確認する。

1．儒学の学習形態・方法

　江戸時代においては、形容詞なしに単に「学問（学文）」と言えば、儒学のことを指す。儒学学習におけるテキストは『大学』・『論語』・『孟子』・『中庸』・『孝経』などの「経書」であるが、現在と異なり学問の初心者から最高位に位置する大学者に至るまで、常に手にするテキストは同じ経書となる。

　(1)「素読」段階

　概ね 7・8 歳から始められるのだが、経書を声に出して正確に読み何回も繰り返すことで、テキストの全文を完全に暗唱してしまうことである。この段階では、原則としてテキストにある文や字句の意味は学ばない。江戸時代の教育の原則は、個別指導・個別学習である。師匠がテキストの漢字一字一字を「突き指し棒」で示しながら声をあげて読んでいく。それを子どもが鸚鵡返しに復唱し、また師匠のリードなしで読めるよう自分で繰り返し音読する（温習）。暗唱することが前提であるので、一回に進む分量は多くないし、子ども一人一人に敏と鈍の差があるので進む進度に自ずと違いが出てくるので一斉授業にはならず、短時間の個別指導とその間の比較的長時間の自習活動が基本となる。

　(2)「講義」段階

　講義段階という呼称ではあるが、これは英語で言うレクチャーではない。学習者が経書の意味を自ら講究することである。現在使用される一斉教授の形式を採る「講義」を言う場合は、区別して「講釈」という。講釈とは模範的な読書のあり方を、教師が弟子たちの前で公開して演じることである。

　(3)「会業」段階

　学生が集団で行う学習形態で、ほぼ同程度の学力の者が数人から十人程度のグループで行う共同学習のこと。輪番で当番を決め、順次テキストを読み進め共同で質疑討論する「会読」と、輪番で当番を決め順次テキストを「講義」して協同で質疑討論を行う「輪講」の 2 つがある。両者の違いは取り上げるテキストの違いである。「会読」では経書以外の史書などの類をテキス

トとし、本来一人で進めていく「独看」（黙読）を協同で相互に誤りを補正しながら行う読書会（輪読会）のようなもの。「輪講」は経書をテキストとし、注釈書や疎釈書の群に分け入って、経書を異端と弁別しながら「正確に」解釈し理解することである。

（4）作詩・作文

詩文の実作段階。漢文を駆使して文章や詩を創作する能力は、儒者としてだけでなく近世の教養ある知識人として欠かすことの出来ない能力であった。しかしそれはいわば自己表現能力であったので、過度の詩文への没入は却って儒学の本体部分を見失うと警告された。逆に言えば、所与の古典を読む受動的な儒学学習とは異なり、積極的な自己表現の営み・創造的な活動であるので、教師の側からすれば過度の入れ込みを警戒したのである。

2．少人数・グループでの学習形態・方法

（1）バズ学習

授業の要所で学習者同士による話し合い（バズ・セッション）を入れて授業を進める集団討議形式の一種である。考案者のフィリップスは6人ずつのグループが6分間討議することを原則としたが、教育実践では2人組（ペア）活動としても行いうる。バズ・セッションにより学習を深化させるためには、学習課題の設定に配慮すべきであると指摘されている。

（2）ジグソー学習

ジグソー・パズルのように、一つ一つのピースとして学習する内容を分割し、最後にそれらを共有して全体を学習するという方法である。

まず、教師が分割した学習内容を小グループにおいて誰が担当するのかを決定する。次に、同じ学習内容を担当した学習者同士で集まりその課題を共有するとともに解決して「専門家」となる。最後に、その専門家たちは最初のグループに戻り、自分の担当した課題を報告して話し合い、最終的に学習内容全体を全員が学習する。ジグソー学習では、異なるグループでの活動が

あるため、人間関係の固定化を回避し多数の仲間と関わることが可能な状況を作り出す。さらに、ある課題の専門家として探究することや分かりやすく説明することが課せられるため、責任の所在が明確となり学習に対する動機づけとなることが期待される。

（3）発見学習

ブルーナーにより系統学習理論を背景として提唱された学習方法である。スプートニク・ショック以降のアメリカでは特に理数系のカリキュラム開発が進み、科学者と同様の研究手法や研究活動を通じて知識を獲得する教育方法が発展していった。発見学習は帰納法的プロセスに基づき、単元や1単位時間が「問題把握→仮説→検証→まとめ」で構成される。

（4）問題解決学習

デューイの経験主義理論に立脚した学習方法である。学習者が現実の社会生活から課題を抽出して設定するところが大きな特徴である。学習活動は、学習者の生活経験や興味を重視しながら問題関心を組織した「単元学習」として実施される。経験主義的教育観に立脚する問題解決学習では、知識・技術は道具として位置づけられている。よって、学習過程の中で問題解決に至るための道具として知識・技術を獲得することが要求されるのである。

【引用・参考文献】
　文部省編『学制百年史』ぎょうせい、1972年。
　細谷俊夫ほか編『新教育学大事典』第一法規、1990年。
　長尾十三二『西洋教育史』第2版、東京大学出版局、1991年。
　辻本雅史『「学び」の復権』角川書店、1999年。
　谷田貝公昭・林邦雄・成田國英編『教育基礎論』一藝社、2001年。
　山﨑英則編著『新・教育原理』ミネルヴァ書房、2006年。
　広岡義之編著『教育の制度と歴史』ミネルヴァ書房、2007年。
　小川哲哉・生越達・佐藤環・杉本憲子『教育課程・方法の論究』青簡舎、2013年。
　山﨑準二編著『新版教育の課程・方法・評価』梓出版、2016年。

第6章 教育課程（カリキュラム）の基本原理

I 教育課程とカリキュラム

　将来の国家及び社会の形成者として相応しい民主的人格の形成を目的とした今日の学校は、個人の特性・能力に応じて普通教育や専門教育を施す組織的・計画的な教育機関である。よって国・学校・教師は学校の目的を達成するための明確な計画とプログラムを必要とするが、この計画やプログラムに関わる概念を「教育課程」と呼んでいる。ただ、学校教育の世界では「教育課程」のほかに「カリキュラム」という用語もほぼ同義語として使用されているが、完全に同一の内容を示すものではない。

1．教育課程

　教育課程とはカリキュラム（curriculum）の訳語として使用されている教育行政上の用語であり、日本では「学校教育の目的や目標を達成するために、教育の内容を児童・生徒の心身の発達に応じ、授業時数との関連において総合的に組織した学校の教育計画」（文部省『小学校指導書・教育課程一般編』1978年）であるとした。

　戦前期までの教育内容の実施計画は、小学校で「教科課程」、中等学校や大学などで「学科課程」が使用されていた。戦後の日本において教育課程の語が使用されたのは1947（昭和22）年の文部省設置法からで、その後の1951（昭和26）年版の『学習指導要領一般編（試案）』で「児童や生徒がどの学年でどのような教科の学習や教科以外の活動の内容や種類を学年別に配当づけたものを教育課程」であると規定した。これにより、教育課程は教科指導と

ともに教科以外の諸活動を包含する用語となり、児童・生徒の望ましい成長や発達には教科と教科外の活動を構造的に関連させた教育内容編成が必要となった。ただ、教育課程をこのように考えるのは日本の特色であり、学校を主として教科指導の場と考える欧米諸国との相違点でもある。

２．カリキュラム

　日本において「カリキュラム」という用語は、1945（昭和20）年以後の経験主義に立脚した10年ほどの戦後新教育期と大学等の高等教育機関で用いられたが、普通教育を行う小・中・高校では殆ど用いられなかった。1975（昭和50）年に文部省が刊行した『カリキュラム開発の課題』（OECD/CERI 主催の東京セミナー報告書）により再び小・中・高校でも使用されるようになり、1998（平成10）年の学習指導要領改訂後は「教育課程」とともに学校現場で広く使用されるようになった。「学校で編成する教育計画」と限定的に捉える教育課程に対して、より広く多様な意味を持つ。例えば、教育学における哲学的意味での「理想的カリキュラム」、教育行政における法令的意味での「公的カリキュラム」、学校教育における実践的意味での「実践的カリキュラム」などの呼称があるように文脈に相応しい使い分けが必要となる。

　「カリキュラム」は英語の curriculum を片仮名表記したもので、その語源はラテン語の currere であり馬場の「走路」を意味した。その後、学習者が目的（ゴール）に向かってたどる課程（コース）で行う活動や経験を意味するカリキュラムという教育の専門用語に用いられている。

（1）次元・レベル

　カリキュラムという用語は、以下のような広い意味を持つとされる。

　カリキュラムは国家の次元から学校や個人の次元までを含む子供の「学習履歴」を指し、学校だけでなく社会に出てからのものも含めるべきだとする学説がある。特にデューイ（Dewey, J.）以後、カリキュラムは「子供の学習経験の総体」などと規定され、主に子供の側の視点を取り入れたものを志向

した。元来、カリキュラムは歴史上初めて使用された大学において教えるべき内容を中心に考えられてきたが、20世紀初頭の児童中心主義に立つ新教育運動を経た現在では初等・中等学校において子供の側の条件や観点から考えることが必要と認識されている。そしてカリキュラムは、計画レベル（教育課程表等の計画文書の段階）、実施レベル（授業全体の過程）、結果レベル（成績や通知表から浮き上がる子供の姿など）の3レベル全てを含む広範囲のものと理解されている。

（2）カリキュラムとプログラム

「プログラム」という言葉は「カリキュラム」と同じ意味で使用されているように見える場合があるが、プログラムはカリキュラムの部分的・横断的な指導計画・学習計画を指す。プログラムは、国際理解プログラム、環境教育プログラムや学習困難児童教育プログラムなどのように、学校独自、あるいは一部の児童・生徒のための教育目標を達成する計画のことである。

3．基本構造

学校教育を前提とする教育課程において、教育内容の策定は国家の政治的行為として行われるが、その際、国家の存続・発展を直接的に教育内容へ反映させる方向と、国家の存続・発展を前提としながら学習者個人の特性や現実的生活に配慮した教育内容とする方向がある。前者では国民として必要な文化的・道徳的特性や科学技術といった学問を基盤とした教育内容となり、後者では学習者の生活上必要な知識技術・興味関心などが優先される。

次に、様々な知識・技術の中から子供に教えるべき内容等を選択するという側面と、選択された内容を発達段階に考慮して序列化して配列するという側面がある。前者は学ぶべき教育内容の範囲を設定することで「スコープ」と言う。後者は設定された教育内容を段階的に配列していくことで「シークェンス」と言う。教育目標に依拠して選択された教育内容は、スコープとシークェンスにより構造化される。

　教育課程編成における視座は、学問を基盤とするのか学習者の生活を基盤とするのかという軸を考慮しながら編成されることとなる。学問を基盤とする場合は学問的専門性により教育内容が細分化される傾向があり、学習者の生活を基盤とする場合はその総合性が求められる。それぞれの視座における細分化と総合性を、どのように調和・発展させるかが今後の課題である。

Ⅱ　カリキュラムの諸類型

　経験主義や本質主義といった教育的視座の違いなどにより、今までいろいろな種類のカリキュラムが考案・実践されてきた。日本では第二次世界大戦後しばらくの間はアメリカの影響により旧態依然とした「教科」型カリキュラムよりも「経験」型カリキュラムが進化した型だとする見方が現れたものの受容されず、結局、いくつかの型を組み合わせ併用するハイブリッド型に落ち着いている。以下に代表的な類型を掲げる。

1．教科カリキュラム（subject curriculum）
　国語、数学、物理、化学、地理、歴史など、教科を分立させるカリキュラムで学問体系が教育内容を構成する要素である。

　このカリキュラムは、学問における系統的知識の教授が効率的で計画的に実施できること、学習目標が学問分野の知識獲得として学習者に提示されるので一斉教授に適していること、そして到達の指標が明確であることにより客観的評価を行いやすいことなどが特徴である。

　他方、学問体系や成果の習得が優先されるので学習者各自が持っている現実生活の興味関心に対応しにくいことが指摘されており、学習の動機付けに工夫を要する。

２．相関カリキュラム（correlated curriculum）

　教科の学問的枠組みを保持しながら、各教科間の関連性に配慮したカリキュラム類型である。例えば、理科の内容で「地震」を取り上げた場合、どれくらいの時間で地震がある地点に到達するのかを考えさせるときに地理的な説明が必要となる。そこで理科と地理との教育内容を相互に関連付けながら授業を展開することで学習効果を高めることが可能となる。ただ、思いつきのレベルで行われる場合やその試みが不徹底に終わってしまう危惧がある。

３．融合カリキュラム（fused curriculum）

　相関カリキュラムの考え方を進めて、関連の深い複数の教科を統合した広領域で編成するカリキュラムで、いろいろな観点から教材の統一性を担保しようとする。生物・化学・物理・地学を融合して「理科」に、歴史・地理・公民を融合して「社会科」としているのはその典例である。

４．広領域（広域）カリキュラム（broad-field curriculum）

　融合カリキュラムで提示できた教科をさらに少数の領域として構成されるカリキュラムである。第一次世界大戦後、アメリカの大学教育において専門教育に進むための基礎段階となる教養教育として導入されたのが嚆矢であり、後に中等学校でも採用された事例がある。人文・社会・自然という領域のように、教科・科目を解体して広い領域の教育内容を構成・編成するカリキュラムである。

５．コア・カリキュラム（core curriculum）

　教科のほか、生活のなかから生まれる学習者の課題や興味・関心をひく事柄などを中核（コア）課程として設定し、それを深化させる知識技術をその周縁部に配置するものである。つまり中核となる内容は、教科目・領域を設定するものと経験・体験を設定するものとに分かれる。

表 6-1　カリキュラムの類型

1．教科カリキュラム（subject curriculum）

2．相関カリキュラム（correlated curriculum）

3．融合カリキュラム（fused curriculum）

4．広領域カリキュラム（broad-field curriculum）

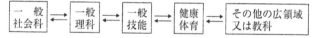

5．コア・カリキュラム（core curriculum）　　### 6．経験カリキュラム（experience curriculum）

出所：山崎準二『新版　教育の課程・方法・評価』梓出版、2016年、巻末資料6。

コア・カリキュラムは1930年代にアメリカの初等学校で普及したカリキュラムである。その背景は1900年以降、初等中等学校において美術、音楽、手芸、家事、商業など正課としての教科数が激増したことによる。小学校では相対的に減少した3R'S（読書算）の授業時数の確保が課題となり、中等学校では各教科を必修科目と選択科目に分けて対応したが根本的解決に至らなかった。そのため、肥大した教育内容を「最小限の基本的内容」を柱にしつつ、学習者の課題、要求や能力に基づき再構成しようとする編成原理が現れた。その典例として1934年に米国バージニア州教育委員会が小学校の学習綱要として発したバージニア・プランを挙げることができる。

　1920年代以降のアメリカにおいて、教科数の増大により相互の関連性を欠いた多くの教育内容を羅列的に暗記・習得させている状況の改善は喫緊の課題であった。この課題に対してバージニア州は、社会生活上の様々な機能のうち、子供たちに必要とされる資質を、「生活、富、自然資源の保護と保存」「商品生産、サービスと生産利益の分配」「商品とサービスの消費」「美的衝動の表現」「自由の拡大」など11の領域を設定することで解決しようとした。日本において、このバージニア・プランは連合国占領下の1947年に出された学習指導要領のモデルとなり、コア・カリキュラム運動と連関して全国の小学校における教育実践に大きな影響を与えた。

　なお、「中心統合法」を主張したヘルバルト学派は、歴史という教科を中心にして周縁部に他教科を位置づけた。これは教科を中核とするコア・カリキュラムである。

6．経験カリキュラム（experience curriculum）
　学問体系を保持した教科の枠を廃し、学習者の日常生活に即した経験を活用し、彼らの興味・関心・欲求に従って編成するカリキュラムである。知識技術を伝達する効率性を求めるよりも、現実の社会や日常生活での学習者の経験・体験を重視しようとするため、学習者の動機付けという点において他

のカリキュラム類型に比べて有利に働く。また、各学習者の興味・関心・能力差などに応じた学習を展開するために一斉教授には適さず、少人数の個別学習やグループ学習の形態を志向する。そのほか、学習目標や学習内容（経験・体験）の選択と展開は、教師が事前に予定しておくものではなく教師の協力・支援により臨機応変な対応が要求されることも特徴である。

Ⅲ　隠れたカリキュラム

　どのようなカリキュラムを編成するかは公教育の重要な課題であり、各時代の教育思潮がそれに大きな影響を与えたことは間違いないし、カリキュラムはその時代のフォーマルな存在として認知されるものであった。

　しかし1960年代以降、主として教育社会学の研究成果によってフォーマルなカリキュラムからではなく、教師や仲間たちから意図しないまま暗黙裡に望ましい知識・性向・意識などが教えられていることが指摘された。それを「隠れた（hidden）」あるいは「潜在的（latent）」カリキュラムと呼び、フォーマルなカリキュラムである「顕在的カリキュラム」と区別するようになった。このような動向は、従来のカリキュラム研究では想定されていなかったため注目された。

　「隠れたカリキュラム」という用語は、教育学者の P.W. ジャクソンが1968年に発刊した *"Life In Classrooms"* において初めて用いられた彼の造語である。その直後にマサチューセッツ工科大学の B. シュナイダーは *"The Hidden Curriculum"* を刊行し、著名な進学校、教育困難校や独自の校風を有する学校の生徒たちには、どのような価値観や行動様式が無意識に与えられているのかを分析した。これらの研究は、学校カリキュラムが従来のフォーマル（顕在的）なカリキュラムだけで編成されることの問題を指摘し、多面的なカリキュラムの構築が必要であることを示唆した。これらの研究に刺激され、のちに学校教育が性別役割に果たす影響の研究や、文化的な男女の

在り方を再考しようとするジェンダー研究へと展開している。

1．P. ブルデュー（Pierre Bourdieu、1930-2002）

フランスの社会学者であるブルデューは、「文化資本」「象徴資本」「社会関係資本」などの造語のほか「ハビトゥス（habitus）」などの概念を用いた研究が有名である。

(1) ハビトゥス

ハビトゥスとは、生活の諸条件を同じくする人々の日常経験において蓄積される自覚されない知覚・思考・行為を生み出す性向のことで、訳語としては「習い性」が適当であろう。

ブルデューはハビトゥスと言語活動の例として、実在もしない架空の言葉「ジェロファジー」の意味を言わせる語彙テストでの場面を挙げた。上流階級出身の学生は平然とそしらぬ顔でもっともらしい「定義」を書き付けるが、労働者階級や中間階級出身の学生は「何も思い浮かばない」であるとか「定義を知らない」と答える。そのほか、グランゼコール（Grandes Écoles）への入試の口頭試問で、技巧を隠す自然さ・巧みな自己制御・余裕のある滑らかな口調を以て語る術を身につけている受験生はそのことによって既に有利な立場を確保している。つまり言語を容易に操る能力と見えるものは、実はある特権階級に属することで体得される自信と結びついた屈託のなさ・余裕・無遠慮といったハビトゥスの機能であるとした。

(2) 文化的再生産と学校

図6-1　P. ブルデュー

フランスにおける教育と社会階級との連関について分析し、富裕な家庭の子弟が進学で有利なのは、上品で伝統的正統性を持つ文化・教養・習慣などの「文化資本」を身につけている度合いが高

いためで、その程度が高ければ高いほど高学歴であることや、その子供が親の文化資本を相続することで親と同じく高学歴になることを統計的に実証した。これを「文化的再生産」と呼び、特権的文化の世代間継承とそれを補完・強化する学校の果たす役割を解明した。

　学校において良きハビトゥスとして暗に価値づけられ教え込まれるハビトゥスと、学校外（主として家庭）で既に習得されたハビトゥスの類似が大きければ大きいほど成功者になる確率が高いことを指摘した。

2．P. ウィリス（Paul E. Willis、1950-）

　イギリスの文化社会学者であるウィリスは、1977年にイギリスの中等学校生徒に焦点をあてた『ハマータウンの野郎ども』（*"Learning to Labour: How Working Class Kids Get Working Class Jobs"*）を刊行した。本書では、労働者階級出身の若者たちが中流階級に対して抱く反抗的な性向を醸成する諸事例を提示して、学校の学習文化を克明に描き出した。

（1）ハマータウン校

　ハマータウンという町名は11世紀の史料に初めて登場する寒村であった。それが産業革命期の18世紀中頃に人口が急増し金属機械工業を中心とした史上最初の工業都市のひとつとなり、住民もまた史上初の工業プロレタリアートとなった。ミッドランド工業都市群のひとつとなったハマータウンは古典的な工業の町という面と独占資本主義段階の現代的側面を併せ持つ典型的な工業都市である。

　ウィリスが調査研究していた1980年代前後までのイギリス公教育制度には階層差が内蔵されていた。中等学校での「11歳試験」の成績に応じて、上位者はグラマー・スクールに、それに次ぐ者はテクニカル・スクールに、残余の大多数が非選抜のセカンダリー・モダン・スクール（新制中等学校）に編入された。職業教育の比重が高い新制中等学校であるハマータウン校（のちにコンプリヘンシブ・スクールと言う総合制男子校に改編された）の生徒は進学

せず就職を前提としているものの、熟練技術職への上昇志向を肯定するか否かによりその進路が分かれた。生産労働の人生へと自己誘導するため反学校文化を受容していく男子生徒と、その彼らが「耳穴っ子」と呼んで軽蔑する学校べったりの従順な生徒という構図である。

(2) 反学校文化

ハマータウン校の「野郎ども」は、酒、喫煙、逸脱したファッション、悪ふざけなどを「反学校の文化」として積極的に行う。同時に同じ労働者階級の生徒であっても向学校的・向学業的で権威に従順な「耳穴っ子」を排斥し、優越感を持って見下す。「野郎ども」が反学校的な身体的実践にこだわるのは、それが学校への不服従を表す行為であるとともに、その行為は「野郎ども」が反抗・結束するときの基準となる成人労働者世界の価値観・行動様式となっているからである。

「野郎ども」の進路指導の場面において、自ら積極的に落ちこぼれて筋肉労働の将来を選び取っていく。彼らの進路選択は、「学校にさっさとおさらばする」という表現が最もふさわしい。彼らは父親たちと同様に単純労働世界に入ることを当然視し、そのような仕事の世界に何の役にも立たない学校の勉強と教師に対して意気揚々として反抗していたと言える。

(3)「働くことを学ぶ」から「サービスすることを学ぶ」へ

1980年前後の「野郎ども」の成長過程は、少年から大人の男への移行が学校から職業への移行とほぼ同義であった。それを可能にしたのは当時の肉体労働市場の豊かさによるところが大きい。

しかし、1980年代以降の脱工業化、新自由主義的潮流のもとで産業構造は大きな転換を遂げ、労働市場から「肉体労働」の比重が大きく後退した。それにより、労働者階級の子供たちは「働くことを学ぶ（learning to labor）」よりも「サービスすることを学ぶ（learning to service）」、つまり物作り産業（第二次産業）からサービス産業（第三次産業）に軸を置く社会構造に対応していくこととなった。

【引用・参考文献】

宮島喬訳『再生産〔教育・社会・文化〕』藤原書店、1991年。

ポール・ウィリス『ハマータウンの野郎ども』（熊沢誠・山田潤訳）、筑摩書房、1996年。

加藤晴久編『ピエール・ブルデュー　1930-2002』藤原書店、2002年。

山田恵吾・藤田祐介・貝塚茂樹『学校教育とカリキュラム』新定版、文化書房博文社、2009年。

広岡義之編著『新しい教育課程論』ミネルヴァ書房、2010年。

山﨑準二『新版　教育の課程・方法・評価』梓出版、2016年。

日本カリキュラム学会編『現代カリキュラム研究の動向と展望』教育出版、2019年。

第7章　戦前期における学校教育課程

Ⅰ　近代学校創設期の教育課程

　近代国家創設期の1872（明治5）年8月2日（旧暦）に学制が頒布され、大学・中学・小学という学校階梯を持つ近代学校制度を創設することが示された。その目的は、近代的な国民形成であり身分に関係なく国民全員が小学校で学ぶという方針が出された。啓蒙主義の時代にあって、それまでの儒教の経書を中心とする思弁的知識を虚学として排斥し、新たに欧米の近代的知識技術を実学として尊重した。また、封建的身分制社会から資本主義的能力主義への転換を志向し、学校に競争原理の導入を図った。身分や性別など持って生まれた属性を評価するのではなく、自らが獲得した能力、つまり学校の成績や学歴によって人間を選別しようとしたのである。

1．小学教則

　1872年の学制では教育課程（戦前期には教科課程・学科課程の語を用いているが、本章ではその煩雑を避けるため「教育課程」を用いる）として「小学教則」が示されたが、その内容は庶民の日用に必要な知識技術ではなく、中学・大学へと進学するための洋学が中心であった。特徴として、まず欧米の教育内容を模倣することが基本とされたので欧米の教科書がそのまま翻訳して用いられ、例えば現在の国語科に相当する内容が綴方・習字・単語・会話・読本・書牘・文法の7科となっていた。次に、教科の比重が著しく近代自然科学に傾斜し人文・社会科学の教育内容が少ないことで、道徳、体育や芸術系の内容が軽視されており、今日的感覚からすると全体的な教科バラン

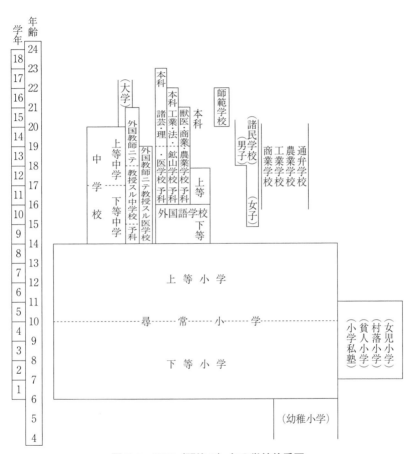

図 7-1　1873（明治 6 ）年の学校体系図

スがとれていない。そして、欧米の教育内容を模倣・翻訳したものであるため当時の一般的国民の生活から乖離しているだけでなく、内容が高水準すぎて学習に困難をきたした。

　なお、当時は等級制を採用しており、等級ごとの進級試験である「小試験」のほか卒業試験である「大試験」といった試験が繰り返された。学力があれば飛び級が可能であったけれども、試験に合格しなければいつまでも原級留置となるシステムであった。同一年齢で学級を編成する学年制は1885（明治18）年からはじまり、1891（明治24）年の「学級編制等ニ関スル規則」により一般化した。

2．小学校教則綱領と開発主義

　近代日本の国家構想を決定づけた明治十四年の政変前後より、教育政策は知識重視から徳育重視へと転換し、1881（明治14）年の小学校教則綱領により儒教を中核とした教育課程となった。明治政府への不満は士族の反乱が西南戦争終結により一段落しても自由民権運動が激化しており、その状況に対応する必要があったのである。「修身」では儒教道徳が用いられ、「歴史」では尊皇愛国精神の形成が目的となった。欧米教育の翻訳的な内容は大きく後退し、当時の国民水準に合わせるように下等小学の教育課程は修身と3R's（読書算）になった。

　教育理論の分野では、東京師範学校により子供の「心の能力」開発を目的とするペスタロッチの開発主義（開発教授）が広められた。それは古典的な考え方であるけれども、子供の感性を尊重する近代的教育の原則が示されていた。

3．森文政と教育勅語

　1885年に初代文部大臣となった森有礼は、翌年に発した小学校令での「小学校ノ学科及其程度」により儒教主義的道徳教育を排除したほか、兵式体操、

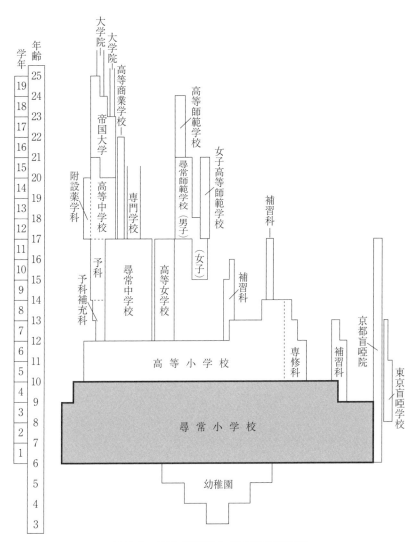

図7-2　1892（明治25）年の学校系統図

実用的な作文や算数の教育を重視した。博物・物理・化学・生理の4科を統合して理科とし、実業教育を重視するため随意科目として英語・農業・手工・商業を加えた。

　教育課程編成で最も重要なのは教育目的である。当時、欧米的市民社会の倫理をとるのか伝統的な儒教主義とするのについて論争となったが、1890（明治23）年に教育勅語が渙発され目指すべき日本人像が明示された。教育勅語では、古事記・日本書紀を踏まえた上で儒教道徳を採用し、天皇制国家を支えるための道徳思想が盛り込まれた。

　教育勅語により教育目的が確定されたことで、教育課程構成の原則が改めて示された。

　尋常小学校は、修身・読書・作文・習字・算術・体操の6教科とすること、また教科を適宜取捨選択して様々な進路ニーズを持つ児童や地域的特性に対応するという教育課程の構成原則がとられた。高等小学校は、尋常小学校の基本的教科と日本地理・日本歴史・理科のほか図画・体操・裁縫（女子のみ）を加えた12教科が必須で、随意教科は外国地理・唱歌・幾何の初歩・外国語・農業・商業・手工が設定された（1890年の小学校令第3条・第4条）。なお、必須教科と随意教科の併用という二重構成原則を採用しているが、全国的な教育水準を保つため「普通教育ハ成ルヘク全国一様」とすることが求められた。

　さて、これを教育内容面から見ると今までになく子供の発達段階を重視しながら、道徳教育・国民教育と知識技術教育のねらいを各教科に分担させて教育内容の構造化を担保しようとしている。例として、理科では「天然物ヲ愛スルノ心ヲ養フ」、図画では「清潔ヲ好モ綿密ヲ尚フノ習慣ヲ養ハン」、体操では「規律ヲ守ルノ習慣ヲ養フ」など道徳教育と関連付けられ、また修身では「尊王愛国ノ志気」と「国家ニ対スル責務」を強調するなど、教育勅語が示す教育目的に対応した構造化が図られ、体系性の高い教育課程に仕上がった。

Ⅱ　教育課程の整備と義務教育年限延長

　「心力」開発を求めるため形式陶冶を重視するペスタロッチの開発主義教育理論は1890年の小学校教則大綱のころまでは優位を保っていたが、日本資本主義の飛躍的発展に対応する実際的な知識技術習得の教育が要請される時代となって、知識技術の内容そのものを重視する実質陶冶を志向するヘルバルト主義教育学の影響が大きくなった。1900（明治33）年の教育課程改革、すなわち小学校令施行規則により教育課程を生活上必須の知識教育と理科での「実験」重視の方向性が強化された。この後、1907（明治40）年の義務教育年限延長や1926（大正15）年の高等小学校教育を一層実際的なものにする軽微な修正がなされるものの、1941（昭和16）年の国民学校令による大胆な改革まで大きな変化は見られない。

　日露戦争後の日本資本主義の発展により、もはや4年制の尋常小学校修了程度の学力では対応しきれない状況になった。よって、1907年に義務教育年限を4年から6年に延長され、1911（明治44）年7月の小学校令改正では高等小学校の教育課程で、英語を廃止し農業・商業のうち一方を課することに改められた。この改正の趣旨は明らかで、尋常小学校卒業後、旧制中学校・高等女学校・実業学校に進学できなかった児童を収容していた高等小学校を、国民大衆の完成教育機関として位置づけようとしたのである。

Ⅲ　児童中心主義の影響　―大正期の教育課程―

　1917（大正6）年に開催された臨時教育会議は、小学校教育について国史（日本史）教育を重視すること、高等小学校の教科目では選択幅を広げること、そして国民教育と道徳教育の徹底を図ることを答申した。

　それを受けた小学校教育課程では、尋常小学校と高等小学校で国史と日本地理を従来以上に重視するようになり、また体操では「教練」が尋常小学校

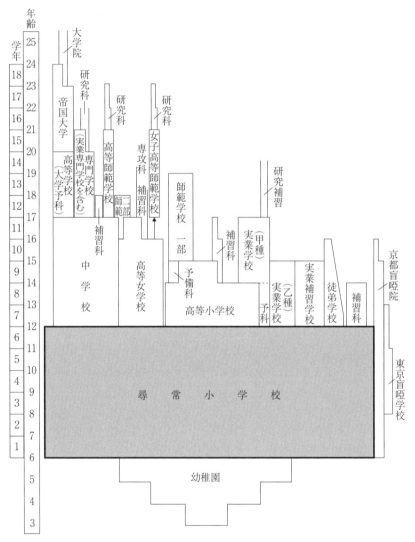

図7-3　1908（明治41）年の学校系統図

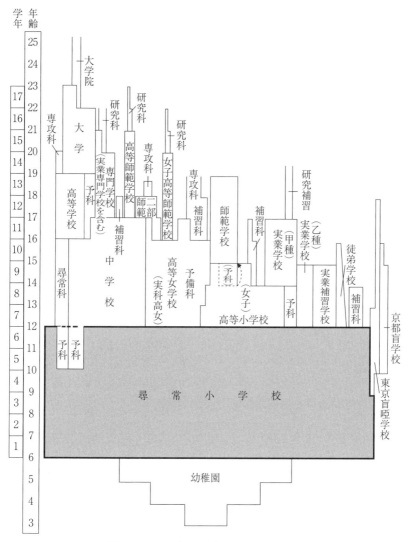

図 7-4　1919（大正 8 ）年の学校系統図

第1学年から設定されるようになった。特に義務教育ではない高等小学校では、高等女学校に進学しない女子児童に対して家事科を設置して女子教育を強化するほか、外国語、図画、手工、農業、商業など教科選択の幅を広げていった。高等小学校の教育課程に外国語を設置したのは、高等小学校が大衆化しながらも中等学校進学の予備校的性格を併せ持っていたことによる。高等小学校を経由して中学校に進学を希望する者に向けた英語教育を用意する必要があったのである。

　大正時代の日本においては、世界的な児童中心主義の潮流から新しい実験的な教育課程が模索された。1917年に沢柳政太郎が創設した成城小学校では、修身を4年次から行うこと、英語は1年次から行うこと、総合的学習である特別研究が必要であることなど、デューイやパーカーストの影響を受けた教育課程の実験的試みが展開された。また、奈良女子高等師範学校附属小学校では、木下竹次により1920（大正9）年から合科学習を取り入れた。尋常小学校低学年には生活単位で学習を進める「大合科学習」を、中学年には文科・理科・技術等の範囲で合科する「中合科学習」を、高学年には「小合科学習」として各教科を教えるという教育課程を採用した。このように「大正新教育」の時代には、種々の実験的な教育課程構想が提示・実践された。

Ⅳ　戦時下における国民学校の「皇国民錬成」

　満州事変以後の日中衝突や第二次世界大戦勃発により、戦時体制が強化されていった。1941（昭和16）年4月、それまでの小学校（尋常小学校・高等小学校）は国民学校（初等科・高等科）に改編され、天皇制や軍国主義教育の徹底を図るため、「皇国ノ道ニ則リテ初等普通教育ヲ施シ国民ノ基礎的錬成」（国民学校令第1条）を目的とする教育課程の構造改革が行われた。

　第二次世界大戦後の学制改革により、国民学校は1947（昭和22）年に完全廃止となった。わずか数年ではあったが、統合的な教育内容を構築した教育

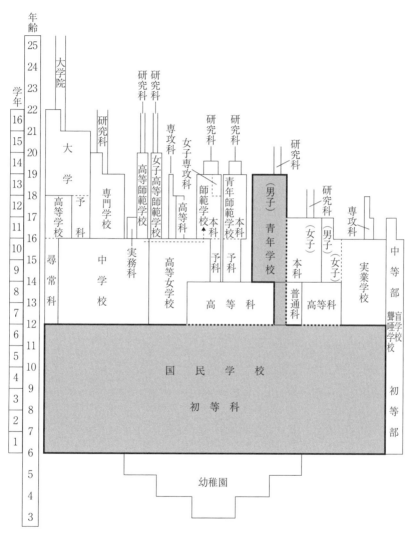

図7-5　1944（昭和19）年の学校系統図

課程を編成したことは、学問を基盤として構成される教育課程を相対化する視座を我々に提供してくれる。

1．教育課程の構造原理

　今までの教科目は学問系統を基として編成していたが、国民学校では皇国民錬成が教育目的として設定され、その目的に合致する資質能力を範疇化して構成された。それらは、①皇国の使命の自覚を育む「国民科」、②日々発展する科学技能の習得を目指す「理数科」、③献身奉公の実践力を養う「体錬科」、④芸術や技術に関する表現力を高める「芸能科」、⑤職業に従事する際求められている能力を涵養する「実業科」の5教科である。これらの教科は皇国民錬成の目的に向けて密接に関係づけられ、各教科の下に旧来の教科を科目として配置した。つまり、皇国民錬成の目的が、教科目再編の原理として貫徹されたのである。

2．錬成活動の重視

　それまでの小学校教育の目的は、1890年の小学校令以来、「道徳教育及国民教育ノ基礎並生活ニ必須ナル普通ノ知識技能ヲ授」けることであったが、国民学校令により「基礎的錬成」となり生活面における操作をより重視した教育課程となった。例えば「各教科及科目ノ毎週授業時数外ニ於テ毎週凡ソ三時ヲ限リ行事、団体訓練等ニ充ツルコトヲ得」る（国民学校令施行規則第31条）として、錬成的な訓練を正規の教育課程以外に確保する方向性が打ち出された。

　そのほか、「心身」の「一体」化を推進するため、教科教育・訓練・養護の「分離」を避け（国民学校令施行規則第1条の4）「儀式、学校行事等ヲ重ンジ之ト教科ト併セ一体」として教育し（国民学校令施行規則第1条の6）、「家庭及社会トノ連絡ヲ緊密」にする（国民学校令施行規則第1条の7）こと等が指示された。

表7-1　1941（昭和16）年国民学校教科目表

国民学校初等科		国民学校高等科	
国民科	修身 国語 国史 地理	国民科	修身 国語 国史 地理
理数科	算数 理科	理数科	算数 理科
体錬科	体操 武道（女欠）	体錬科	体操 武道
芸能科	音楽 習字 図画 工作 裁縫（女）	芸能科	音楽 習字 図画 工作 家事（女） 裁縫（女）
		実業科	農業 商業 工業 水産科 外国語（加） その他

［注］　１．（女）＝女児のみに課す科。
　　　　２．（女欠）＝女児だけ「欠クコトヲ得」る科。
　　　　３．（加）＝加設科目。
近代日本教育制度史料編纂会『近代日本教育制度史料』第 2
巻、225 頁を参照。

3．綜合授業の採用

　合科教授法や実験重視の教育法といった大正新教育運動の成果を部分的に
取り入れている。国民学校初等科の第 1 学年において地方長官の認可を前提
として全部又は一部の教科目について「綜合授業」を行うことが可能（国民
学校令施行規則第27条）となった。文部省の説明では、大正新教育時代に実

践された合科学習の成果を評価しつつも、国家の治安上、自由主義や共産主義思想を活気づける事態になることを忌避し、「合科学習」ではなく「綜合授業」、「綜合教授」の造語を用いたのである。

4．実業的・技能的教科目の重視
　国民学校の教育課程では、教育目的が「知識技能」を授けることから「錬成」に変わったことで、主知的な教科目の配当時間数が減少し、実業的・技能的教科目の配当時間数が増大した。国民科は本来、教育課程における中心的教科として扱われるべきものなのに配当時間数が大幅に減少し、理数科も小幅ながら減少した。対して、今まで随意教科目として扱われてきた実業教科目や唱歌・図化・手工などの技能教科目の時間数を増加した教育課程編成となった。

【引用・参考文献】
　近代日本教育制度史料編纂会『近代日本教育制度史料』第2巻、大日本雄弁会講談社、1954年。
　文部省編『学制百年史』帝国地方行政学会、1972年。
　山田恵吾・藤田祐介・貝塚茂樹『新訂版学校教育とカリキュラム』文化書房博文社、2009年。
　斉藤利彦『試験と競争の学校史』講談社学術文庫、2011年。
　田中耕治・水原克敏・三石初雄・西岡加名恵『新しい時代の教育課程』第3版、有斐閣アルマ、2011年。
　佐藤環編著『日本の教育史』あいり出版、2013年。

第8章　戦後における学校教育課程
―学習指導要領を中心として―

Ⅰ　経験主義の影響

　第二次世界大戦後における連合国軍占領下の日本は、軍国主義から民主主義へと大きな変容を遂げた。教育の分野では、教育基本法・学校教育法・教育委員会法が新たに制定され、さらに学校体系も複線型から単線型となり、個人の人格尊重、男女共学、教育の機会均等などが求められた。これらの改革の基となったのが1946（昭和21）年に来日したストッダード（Stoddard, G.D.）を団長とする第一次米国教育使節団が連合国軍最高司令官マッカーサーに提出した『第一次米国教育使節団報告書』である。この報告書では、アメリカの経験主義的な児童中心主義に基づく教育課程編成が提示された。一方、文部省でも CIE（民間情報教育局）の働きかけにより1946年から翌年にかけて日本人の作成による新教育の手引きとして『新教育指針』が刊行された。

1.『学習指導要領（試案)』の刊行

　教育基本法と学校教育法の公布・実施に先だって、1947（昭和22）年3月20日に米国の経験主義に基づく教育の目標や指導方法などを一般的に概説した『学習指導要領一般編（試案)』が刊行された。この一般編に続いて、教科目標、内容、指導と評価などが示された各教科編も刊行されている。

　昭和22年版学習指導要領では、子供や社会の要求により生まれた「教科課程」を教師自身が研究するための手引きとして作成されたため「試案」とさ

表8-1　小学校の各教科と年間授業時数（1947年）

学年	国語	社会	算数	理科	音楽	図画工作	家庭	体育	自由研究	総時間
1	175	140	105	70	70	105		105		770
2	210	140	140	70	70	105		105		840
3	210	175	140	70	70	105		105		875
4	245	175	140—175	105	70—105	70—105		105	70—140	980—1,050
5	210—245	175—210	140—175	105—140	70—105	70	105	105	70—140	1,050—1,190
6	210—280	175—210	140—175	105—140	70—105	70	105	105	70—140	1,050—1,190

表8-2　中学校の各教科と年間授業時数（1947年）

学年	必 修 教 科									
	国語	習字	社会	国史	数学	理科	音楽	図画工作	体育	職業
1	175	35	175		140	140	70	70	105	140
2	175	35	140	35	140	140	70	70	105	140
3	175	35	140	70	140	140	70	70	105	140

学年	選 択 教 科				必修・選択 総時間
	外国語	習字	職業	自由研究	
1	35—140		35—140	35—140	1,050—1,190
2	35—140		35—140	35—140	1,050—1,190
3	35—140	35	35—140	35—140	1,050—1,190

れたのである。

（1）小学校

　小学校の「教科課程」では、戦前期の修身・公民・地理・歴史が廃止され、国語・社会・算数・理科・音楽・図画工作・家庭・体育・自由研究の9教科となった。これを国民学校の教科構成と比較すると、まず児童が社会に正しく適応できる態度・能力を涵養するため新たに「社会科」が設置され、次に今まで女子のみに課していた裁縫や家事を改めて「家庭科」を男女に課し、児童が自らの興味と能力に応じて教科活動で十分行うことができない自主的活動を行うための時間として「自由研究」が設置された。

（2）中学校

　中学校の「教科課程」では、必修科目と選択科目とに分けられた。小学校と同様に社会科と自由研究が設置されたほか、義務教育修了後すぐに就職する者が多かった状況を反映して「職業科」（農業・商業・水産・工業・家庭）が必修教科として採用されている。

（3）高等学校

　旧制中等学校（中学校・高等女学校・実業学校）を母体とする新制高等学校は、義務教育を担当する小学校・新制中学校より1年遅れた1948（昭和23）年に発足したため、学習指導要領一般編（試案）のなかに教科や時間配当について記されていない。1947年4月の文部省学校教育局長名の通達により『学習指導要領一般編（試案）』第3章「補遺」として位置づけ、その教科課程は高等普通教育と実業教育（専門教育）に分離され、国民に共通な教養形成と進路に応じた教科選択などが示された。

2．昭和26年度版の学習指導要領

　昭和22年度学習指導要領は学制改革に合わせて急ぎ作成されたため不備などが目立っていた。文部省は学習指導要領改訂作業に着手し、1949（昭和24）年に教育課程審議会を発足させ、文部大臣の諮問に対して答申する手続

きにより学習指導要領の改訂がなされるようになった。

　昭和26年度版学習指導要領は米国経験主義教育の影響を強く受けており、生活単元学習や生活経験カリキュラムを基調とする性格が鮮明となっている。そのほかの特徴は、以下の通りである。

　第1点。昭和22年版学習指導要領と同じく、教師の手引きとしての性格を持つ「試案」となっている。

　第2点。従来の用語である「教科課程」を「教育課程」に変更した。

　第3点。教科である「自由研究」を廃止して、小学校に「教科以外の活動」、中学校・高等学校に「特別教育活動」を設けた。これは、教科以外の活動を教育課程の一領域として位置づけるためである。

　第4点。小学校では、各教科が全国一律の画一的な運用は困難と判断し、教科を4経験領域に分類し各領域の授業時数の配当を比率（パーセント）によって示した。また、毛筆習字を国語科の一部として第4学年以上に課すことを可能とした。

　第5点。⑤中学校では、「国史」を「社会科」に統合するほか、「体育」を「保健体育」に、「職業科」を「職業・家庭科」に改めている。

3．昭和31年度版の学習指導要領

　高等学校学習指導要領のみが改訂された。特に教科以外の教育活動を「特別教育活動」としてホームルーム活動・生徒会活動・クラブ活動の指導時間数が示された。

Ⅱ　系統性の重視と教育内容の現代化

　1952（昭和27）年4月、サンフランシスコ講和条約発効により独立を回復した日本は、政令改正諮問委員会答申による要請により今までの経験主義一辺倒の教育課程を改め系統主義的な教育課程にすることとなった。

1．昭和33年度版学習指導要領

　1958（昭和33）年 3 月の教育課程審議会答申を受け、同年10月に小・中学校学習指導要領が改訂された（以下、○○版学習指導要領と記す時は小学校学習指導要領の刊行年度を示すとともに、中・高校学習指導要領を含めた総称である）。昭和33年度版学習指導要領の特色は、以下の通りである。

　第 1 点。官報への「告示」という公示形式を採用し、国家基準として教育課程が法的拘束力を有することとなった。

　第 2 点。道徳教育の充実を図るために、小・中学校に「道徳の時間」を、高校には社会科の科目として「倫理・社会」を新設した。

　第 3 点。中学校の必修科目「職業・家庭」を「技術・家庭」に改めた。

　この学習指導要領では経験主義的要素が大きく後退し、学問の系統性が重視されるとともに、道徳教育の充実を図ることを教育課程に位置づけたのである。

2．教育内容の現代化

　高度経済成長期には、経済だけでなく政治、社会、文化などあらゆる方面において国民生活が大きな変化を遂げた。教育面では、経済成長を支える人材育成が展開されていく。

　1963（昭和38）年、内閣に設置された経済審議会人的能力部会が「経済発展における人的能力開発の課題と対策」を答申し、能力主義の徹底を唱えた。1966（昭和41）年 6 月、中央教育審議会は「後期中等教育の拡充整備について」を答申し、産業界からの人材開発要請を受けて後期中等教育の多様化を目指した。

　高度経済成長と科学技術発展を担う人材育成を目的とする教育政策により、学校教育の内容は理数系教科目を中心に「現代化」が図られた。「教育内容の現代化」とは、一般的に科学技術や文化の進展に対応した教育内容の刷新を意味するが、教育史的には、1960年代に諸国で行われた初等・中等教育に

表8-3　小学校の各教科と年間授業時数（1958年）

学年	国語	社会	算数	理科	音楽	図画工作	家庭	体育	道徳	総時間
1	238	68	102	68	102	102		102	34	816
2	315	70	140	70	70	70		105	35	875
3	280	105	175	105	70	70		105	35	945
4	280	140	210	105	70	70		105	35	1,015
5	245	140	210	140	70	70	70	105	35	1,085
6	245	140	210	140	70	70	70	105	35	1,085

【注】①1単位時間は45分。②年間授業日数は35週（第1学年は34週）。

表8-4　中学校の各教科と年間授業時数（1958年）

学年	必　修　教　科							
	国語	社会	数学	理科	音楽	美術	保健体育	技術・家庭
1	175	140	140	140	70	70	105	105
2	140	175	140	140	70	35	105	105
3	175	140	105	140	35	35	105	105

学年	選　択　教　科								領　域	
	外国語	農業	工業	商業	水産	家庭	数学	音楽	美術	道徳	特別教育活動
1	105	70						35	35	35	35
2	105	70						35	35	35	35
3	105	70					70	35	35	35	35

【注】1単位時間は、50分。

おける理数系教科目を主体としたカリキュラム改革を指す。

　1957（昭和32）年のスプートニク・ショックにより、アメリカでは経験主義教育への批判が展開されるとともに、1959（昭和34）年に科学教育改善を目的とするウッズホール会議が開催された。議長を務めたブルーナー（Bruner, J.S）はこの会議で行われた討議をまとめ『教育の過程』（The process of Education）を刊行し、知識を構造として学習する「発見学習」理論や学問中心カリキュラム構想を展開した。この理論や構想は、各国の教育改革に影響を与えた。日本では、遠山啓が現代数学の成果や方法を計算指導体系に反映させた「水道方式」が「教育内容の現代化」を具現する典型として注目をあびた。

3．昭和43年度版学習指導要領

　1967（昭和43）年から翌年にかけて、中央教育審議会は「調和と統一のある教育課程の実現」をテーマとした答申を行った。これらの答申を基として1968年7月に小学校、1969年に中学校、1970年に高等学校の学習指導要領が改訂された。その特色は以下のとおりである。

　第1点。授業時数を今までの最低時数から標準時数に改めた。

　第2点。小学校・中学校では、教育課程を各教科、道徳、特別活動の3範疇で構成し、また算数・数学、理科で教育内容の現代化が図られた。

　第3点。高等学校の科目では、「数学一般」「基礎理科」「初級英語」「英語会話」を新設し、「家庭一般」を女子の必修とした。

　第4点。中学校・高等学校のクラブ活動を必修化した。

Ⅲ　人間性重視とゆとり教育

1．昭和52年度版学習指導要領

　社会環境の急激な変化や学校教育の量的拡大に対応するため、中央教育審

議会は1971（昭和46）年に「今後における学校教育の総合的な拡充整備のための基本的施策について」を答申した。その提案内容は、小学校から高等学校までの教育課程に今以上の一貫性を持たせること、小学校では教育内容の精選と履修教科の再検討により基礎的教育の徹底を図ること、中学校では前期中等教育段階の基礎的・共通的な内容をより深く学修するとともに将来の進路選択に配慮する指導を充実させること、高等学校では生徒の能力・適性・希望に対応した教育内容の多様化を図ること、であった。さらに中央教育審議会は1973（昭和48）年に小中高校の教育課程改善について「ゆとりと充実」をキーワードに掲げ、豊かな人間性を育成する方針を答申した。

　この答申を受け、1977（昭和52）年に小中学校、翌年に高等学校の学習指導要領が改訂された。その特色は以下のとおりである。

　第1点。学習指導要領の基準が大綱化されたことに伴い量（ページ数）が半減された。また、内容も簡明となり指導の具体的運用は各学校・教師の工夫に委ねられた。

　第2点。教育内容の精選を推進し、授業時数を約1割削減した。

　第3点。高等学校では中学校との連続性を強化するため、基礎科目として「国語Ⅰ」「現代社会」「数学Ⅰ」「理科Ⅰ」を新設した。

2．平成元年度版学習指導要領

　「ゆとりと充実」を志向した改革を行ったにもかかわらず、進学競争の激化、校内暴力、いじめ、登校拒否などの教育問題が深刻化していった。

　中曽根康弘首相の提言により、内閣直属機関として1984（昭和59）年に臨時教育審議会が設置され、その最終答申では個性重視の原則、生涯学習体系への移行、国際社会への貢献、情報化への対応という諸点が示された。

　教育課程審議会の審議は臨時教育審議会と並行して行われたので、臨時教育審議会答申の内容が反映された。この教育課程審議会答申を受け、1989（平成元）年に学習指導要領が改訂された。その特色は以下のとおりである。

　第1点。学校教育は生涯学習の基礎を培うものとして位置づけ、体験的学習や問題解決学習を重視した。

　第2点。入学式・卒業式等における国旗・国歌の取り扱いを明確にした。

　第3点。小学校低学年において、社会科と理科を廃止して「生活科」を新設した。

　第4点。中学校において、選択教科の履修幅を拡大し、習熟度別指導の導入を奨励した。

　第5点。高等学校において、「社会科」を「地理歴史科」と「公民科」に分割・再編し、また「家庭科」を男女必修とした。

3．平成10年度版学習指導要領

　1996（平成8）年7月、第15期中央教育審議会は「21世紀を展望した我が国の教育の在り方について」について答申（第1次）し、新しい教育理念として「ゆとり」の確保と「生きる力」の育成を掲げた。同年8月には教育課程審議会が「幼稚園、小学校、中学校、高等学校、盲学校、聾学校及び養護学校の教育課程の基準の改善について」を答申した。

　この答申を受け、1998（平成10）年に小中学校、翌年に高等学校、盲・聾・養護学校の学習指導要領が改訂された。その特色は以下のとおりである。

　第1点。「総合的な学習の時間」を新設した。

　第2点。授業時数の大幅削減と、教育内容の約3割削減を行った。

　第3点。授業の1単位時間を弾力的に運用することを可能とした。

　第4点。中学校において、英語の履修を原則とする「外国語」を必修とし、技術科・家庭科で情報に関する内容を必修とした。

　第5点。中学校・高等学校の「特別活動」において、「クラブ活動」を廃止した。

　第6点。高等学校において、普通教科に「情報」、専門教科に「情報」と「福祉」を新設した。また、「その他特に必要な教科」と「その他の教科目」

を「学校設定教科」と「学校設定科目」に改称した。

第7点。盲・聾・養護学校の「養護・訓練」を「自立活動」に改称した。

Ⅳ　学力向上を目指して

1．学習指導要領の一部改正

　教育内容削減による学力低下を危惧する批判の盛り上がりに対処するため、2002（平成14）年1月に文部科学省は「確かな学力の向上のための2002アピール　—学びのすすめ—」を公表し、標準時数の解釈を最低限行う時数に変更するなど、「ゆとり教育」を推進してきた文部科学省が一転して「確かな学力」向上へと方策転換を行った。

　これを受けて、学習指導要領の一部改訂がなされた。その主たる改正点は次のとおりである。

　第1点。学習指導要領は最低基準でありこの基準を超えて指導できることを明確にした。

　第2点。各教科・道徳及び特別活動との関連を「総合的な学習の時間」に持たせるとともに、各学校では総合的な学習の時間の目標や内容を踏まえた全体計画を作成することを定めた。

　第3点。習熟の程度に応じた指導（小学校）、補充的学習や発展的学習（小中学校）など、個に応じた指導を一層充実させる。

2．教育基本法改正と平成20年度版学習指導要領

　2006（平成18）年12月、約60年ぶりに教育基本法が改正され、21世紀を切り拓く心豊かでたくましい日本人の育成を目指す理念を定めた。これを受けて、2007（平成19）年6月には学校教育法の一部が改正され、義務教育の目標や各学校段階の目的・目標が規定された。中央教育審議会はこれらの法改正を踏まえた答申を行い、また2008（平成20）年に小中学校、翌年に高等学

校と特別支援学校の学習指導要領が改訂された。その特色は以下のとおりである。

第 1 点。小学校に、領域として「外国語活動」を高学年に新設した。

第 2 点。小学校では、国語、社会、算数、理科、体育の授業時数が 6 学年合わせて350時間程度増加した。

第 3 点。小中学校の「総合的な学習の時間」の授業時数を削減した。

第 4 点。中学校では、国語、社会、数学、理科、外国語、保健体育の授業時数が400時間程度増加した。また、教育課程の共通性を高めるため、授業時数を必修科目で増加させ選択科目で縮減した。

表 8-5　小学校の各教科と年間授業時数（1998年）

学年	各　教　科								
	国語	社会	算数	理科	生活	音楽	図画工作	家庭	体育
1	272		114		102	68	68		90
2	280		155		105	70	70		90
3	235	70	150	70		60	60		90
4	235	85	150	90		60	60		90
5	180	90	150	95		50	50	60	90
6	175	100	150	95		50	50	55	90

学年	領　　域			総時間
	道徳	特別活動	総合学習	
1	34	34		782
2	35	35		840
3	35	35	105	910
4	35	35	105	945
5	35	35	110	945
6	35	35	110	945

表 8-6　中学校の各教科と年間授業時数（1998年）

学年	必 修 教 科								
	国語	社会	数学	理科	音楽	美術	保健体育	技術・家庭	外国語
1	140	105	105	105	45	45	90	70	105
2	105	105	105	105	35	35	90	70	105
3	105	85	105	80	35	35	90	35	105

学年	選択教科等	領　域			総授業時数
		道徳	特別活動	総合学習	
1	0 −30	35	35	70 −100	980
2	50 −85	35	35	70 −105	980
3	105 −165	35	35	70 −130	980

　第5点。中学校の体育において、男女とも武道（柔道・剣道・相撲）とダンスを必修化した。

　第6点。高等学校に「数学活用」（数学科）、「科学と人間生活」・「理科課題研究」（理科）、「コミュニケーション英語基礎」（外国語科）などの科目が新設された。

　なお、2015（平成27）年3月に学習指導要領を一部改正し、領域として扱っていた小学校・中学校の「道徳」を「特別の教科　道徳」として教科に格上げしている。

3．平成29年度版学習指導要領

　学習指導要領等の改善や必要な方策に対する2016（平成28）年12月の中央教育審議会答申では、学校教育を通じて育てたい姿と「生きる力」の理念を具体化すること、教科等を学ぶ意義の明確化と教科等横断的な教育課程の検

表 8-7　小学校の各教科と年間授業時数（2008年）

学年	各　教　科								
	国語	社会	算数	理科	生活	音楽	図画工作	家庭	体育
1	306		136		102	68	68		102
2	315		175		105	70	70		105
3	245	70	175	90		60	60		105
4	245	90	175	105		60	60		105
5	175	100	175	105		50	50	60	90
6	175	105	175	105		50	50	55	90

学年	領　域				総時間
	道徳	外国語活動	特別活動	総合学習	
1	34		34		850
2	35		35		910
3	35		35	70	945
4	35		35	70	980
5	35	35	35	70	980
6	35	35	35	70	980

討・改善、社会とのつながりや各学校の特色づくり、社会に開かれた教育課程の実現などが提言されている。それを受け、2017（平成29）年に小中学校と特別支援学校小中学部、翌年に高等学校と特別支援学校高等部の学習指導要領が改訂された。その特色は以下のとおりである。

　第1点。「主体的・対話的で深い学び（アクティブ・ラーニング）」の充実やプログラミング教育の導入が図られる。

　第2点。小学校における6年間の授業時数は140時間増加し5,785時間に増加した。

表 8-8 中学校の各教科と年間授業時数（2008年）

学年	必 修 教 科								
	国語	社会	数学	理科	音楽	美術	保健体育	技術・家庭	外国語
1	140	105	140	105	45	45	105	70	140
2	140	105	105	140	35	35	105	70	140
3	105	140	140	140	35	35	105	35	140

学年	領 域			総授業時数
	道徳	特別活動	総合学習	
1	35	35	50	1,015
2	35	35	70	1,015
3	35	35	70	1,015

表 8-9 学習指導要領の変遷

年	概要	実施校種	特色
1947	1953年までは『学習指導要領一般編』（試案）という名称であった。試案であり研究の手引きという性格のため、各学校での裁量権が大きい。	小・中・高	小・中・高に「社会科」が、また小・中に「自由研究」が新設された。なお、高等学校については1948年から実施された。
1951	小・中の「自由研究」が廃止され、小学校は「教科以外の活動」、中学校は「特別教育活動」となる。	小学校	教科を四領域構成とし合科授業も可能、また教科時間配当が時間数ではなく割合（％）で示された。
		中学校	授業時間の裁量幅を設定。
		高等学校	従前の「普通教育」にあった「進学課程」・「職業課程」が明示されなくなり、また従前使用されていた「実業教育」を「専門教育」に変更された。
1956	高等学校のみの改訂。1956年度入学生から学年進行で実施。	高等学校	特別教育活動（ホームルーム活動、生徒会活動、クラブ活動）の指導時間数を規定した。
1958（告示）	系統性を重視したカリキュラム編成となる。また「告示」形式をとったことで、法的拘束力を持つこととなった。	小・中	教科以外の教育活動として「道徳の時間」が新設された。なお、中学校の「職業・家庭科」が「技術・家庭科」に改められた。
1960（告示）		高等学校	生徒の能力・適性・進路等に応じた科目履修を行うこととしたため、科目数が大幅に増加した。また、外国語が必修となった。

1968 （告示） 1969 （告示） 1970 （告示）	時代の進展に対応した教育内容を導入したため、「現代化カリキュラム」と言われる濃密な学習内容を盛り込んだ。	小学校 中学校 高等 学校	現代科学の原理的観点から教育内容を精選し「教育内容の現代化」を進めようとした。また、道徳教育や公民教育を強調した。
1977 （告示） 1978 （告示）	各教科などの目標・内容を絞り込むとともに授業時数を削減し、ゆとりある充実した学校生活を実現しようとした“ゆとりカリキュラム”。	小・中 高等 学校	弾力化により学校現場の創意工夫を要請。 必修科目の弾力化と選択科目中心の方針を打ち出した。勤労体験学習を重視したほか、習熟度別学級編成を認めた。
1989 （告示）	新学力観が登場した。社会の変化に自ら対応できる心豊かな人間の育成、個性をいかす教育を目指した。	小学校 中学校 高等 学校	1・2学年では、理科・社会科を廃止して、「生活科」が導入された。 選択教科の幅の拡大などがなされた。 「社会科」を「地理歴史科」と「公民科」に再編し、「家庭科」を男女必修とした。
1998 （告示） 1999 （告示）	教育内容を厳選し、「総合的な学習の時間」を新設して基礎・基本を確実に身につけさせ、自ら学び自ら考える力などの「生きる力」を育成しようとする。	小学校 中学校 高等 学校	3学年から「総合的な学習の時間」を新設。 「総合的な学習の時間」を新設。また、「クラブ活動」規定が削除された。 「総合的な学習の時間」と、「情報科」を新設。また、「クラブ活動」規定が削除された。
2008 （告示） 2009 （告示）	調和のとれた知育・徳育・体育により「生きる力」の育成を実現しようとする。「総合的な学習の時間」は削減され、主要科目の授業時間数や教育内容を増加させた。“脱ゆとり教育”と呼ばれた。	小・中 高等 学校	小学校5・6学年に「外国語活動」を創設。 教科の共通性と多様性のバランスを重視し、また、標準授業時数超えて授業を行うことが可能となる。さらに、義務教育段階における学習内容の確実な定着を図るための学習機会設置を促進。
2015 （告示）	学習指導要領の一部改正	小・中	教科外活動（領域）の「道徳」を、「特別の教科道徳」として教科に格上げした。
2017 （告示） 2018 （告示）	「何ができるようになるか」を明確化し、今までの教育実践の蓄積に基づく授業改善を行う。「主体的・対話的で深い学び」の導入やカリキュラム・マネジメントの確立を図る。	小・中 高等 学校	道徳教育を一層充実する。小学校では中学年で「外国語活動」、高学年で「外国語科」を導入するほか、情報活用能力育成のためプロミング教育を行う。 国語科の内容が実用的になり、「現代の国語」・「言語文化」・「論理国語」・「文学国語」・「古典研究」等を新設。地理歴史科では近現代史の非常を重くし、公民科では現代社会を廃して「公共」とし必須科目となった。また、必須ではないものの新たに「理数」科が新設された。

第3点。小学校では領域である話す・聞くを中心とした「外国語活動」が高学年から中学年に移動配当され、代わって高学年には教科である「外国語」が新設された。

　第4点。中学校の総授業時数については、増減はない。

　第5点。高等学校では科目の改編がなされている。まず、地理歴史科では特に近現代史を考察する「歴史総合」と現代の地理的諸課題を考察する「地理総合」を必履修とし、発展的学習科目として「日本史探究」、「世界史探究」、「地理探究」を設定した。公民科では、国家・社会の形成に参画する力を育成する「公共」を必修科目として設定するほか、発展的科目として「倫理」、「政治・経済」を設定した。次に、国語科では共通必修科目として「現代の国語」及び言語文化の理解を深める「言語文化」を設定し、「論理国語」・「文学国語」・「国語表現」・「古典探究」を選択科目として設定した。そして外国語科では、科目として総合的な学力を涵養する「英語コミュニケーション」や、外国語による発信能力を高める「論理・表現」を設定した。

【引用・参考文献】

田中耕二・水原克敏・三石初雄・西岡加菜恵『新しい時代の教育課程　第3版』有斐閣アルマ、2011年。

山田恵吾・藤田祐介・貝塚茂樹『新訂版学校教育とカリキュラム』文化書房博文社、2009年。

小川哲哉・生越達・佐藤環・杉本憲子『教育課程・方法の論究』青簡舎、2013年。

佐藤環編『日本の教育史』あいり出版、2013年。

文部科学省『小学校学習指導要領（平成29年告示）』東洋館出版、2018年。

文部科学省『中学校学習指導要領（平成29年告示）』東山書房、2018年。

文部科学省『高等学校学習指導要領（平成30年告示）』東山書房、2019年。

第 9 章　近代日本の就学前教育及び保育

Ⅰ　近代日本における就学前教育及び保育の歴史的展開

1．戦前期

(1)「学制」に見る就学前教育

　明治政府は1872（明治 5 ）年、新たな国民的教育制度として「学制」を頒布した。これは全国を 8 大学区に分け、一つの大学区を32中学区に、一つの中学区をさらに210の小学区に分け、それぞれに対応する学校を設立しようとする壮大な計画であった。初等教育を担当する尋常小学（上等・下等）の他に小学私塾・貧人小学・村落小学・女児小学を設置し、尋常小学入学前の学校として「男女ノ子弟六歳迄ノモノ小学ニ入ル前ノ端緒」を教える幼稚小学を設置しようとするものであった。

(2) 東京女子師範学校附属幼稚園の創設と幼稚園制度の充実

　1876（明治 9 ）年11月にわが国初めての幼稚園として、東京女子師範学校附属幼稚園（現お茶の水女子大学附属幼稚園）が開園した。幼稚園設立に尽力したのは、当時の文部大輔の田中不二麿と東京女子師範学校摂理（校長）の中村正直であった。田中は設立理由として、幼稚園の模範を示すこと、わが国の教育の発展を企画・策定すること、女子教育充実のため「女子師範学校生徒の実験」の場とすること、を挙げた。創設時の附属幼稚園監事（現園長）に関信三、主席保姆（現主任教諭）にドイツ人女性の松野クララが就任し、フレーベル主義の保育が行われた。

　翌1877（明治10）年 6 月に「東京女子師範学校附属幼稚園規則」を制定し、入園資格を原則として満 3 歳から学齢前までとし、 1 日の保育時間を 4 時間、

定員は150名で年齢ごとに３組に分けた。当時の大部分の園児は上流階層の子女であり、付き添いの家僕を従え馬車による通園をしていたようである。

　このようにわが国の幼稚園教育は、当時の上流階層の子女を対象として始まり、やがて「女子師範学校生徒の実験」という観点より、良妻賢母育成の一環として幼稚園教育が位置づけられるようになった。この後、全国に東京女子師範学校附属幼稚園を模範とした幼稚園が陸続として設立された。

　対して、貧しい子供のための幼稚園を設立する動きが明治20年代より民間より起こってきた。バプテスト派宣教師のタムソンによる善隣幼稚園（神戸市、1895年）、二宮ワカによる神奈川幼稚園（横浜市、1893年）、野口幽香と島森峰による二葉幼稚園（東京市、1900年）などが有名である。

　幼稚園についてまとめられた初めての法令である「幼稚園保育及設備規程」が1899（明治32）年に制定された。東京女子師範学校附属幼稚園が創設されて20年以上が経過し、その間に蓄積された保育の理論・実践の研究や巷間の幼稚園に対する理解の浸透などがその背景にある。保育の項目は「遊嬉、唱歌、談話、手技」で項目ごとに内容細目が示され、フレーベルの恩物主義保育の徹底が図られた。

　この規程は1900（明治33）年の小学校令改正によりその施行規則の中（第９章）に含まれることとなり、1911（明治44）年の小学校令施行規則一部改正では、保育の項目にあった内容細目が削除され恩物主義保育からの転換が図られた。

（3）幼稚園令の制定

　第一次世界大戦後における大正デモクラシーの高まりは日本の教育界にも及び、デューイやモンテッソーリといった児童中心主義の思想や方法が紹介・導入された。これに伴い、従前のフレーベルの恩物主義保育は形式的で子供自身による主体的な遊びの不足等を指摘され、実態にそぐわないと批判されるようになっていった。

　1926（大正15・昭和元）年、それまで小学校令に含まれていた幼稚園に関

する規定を独立させ「幼稚園令」として発布した。その特徴は、幼稚園の規定を簡素化すると同時にその機能を弾力化し託児所的機能を付加したこと、幼稚園保姆の資格及び処遇が改善されたこと、保育内容が「遊戯、唱歌、観察、談話、手技等」（幼稚園令施行規則）となり各園の実情にあわせた保育を認めたこと、である。

（4）倉橋惣三の誘導保育論

　倉橋惣三（1882-1955）は、大正から昭和にかけて幼児教育・保育分野で活躍した教育者である。彼は児童中心主義の保育思想と保育理論を展開し、「誘導保育」を重視した。これは、自由に子供を遊ばせ、その中から子供が自身の生活やルールに根差した自己実現に至るための「誘導」が保育の最も大事なものであるという考え方である。なお、誘導ありきではなく、あくまで主体は子供であり、子供の自発的に伸びようとする力に刺激を与える環境を丁寧に構築することが彼の「誘導」である。

　戦前期の日本では、「生活を、生活で、生活へ」という標語に示される過程を重視する誘導保育が広まっていった。幼稚園の生活を（生活を）、子供たちのそのままの生活に合わせていくことで（生活で）、目標としての生活を実現しよう（生活へ）とするのである。

２．戦後の学制改革後の動向

　敗戦後の1946（昭和21）年に国民主権を謳った日本国憲法が制定され、これをもとに1947（昭和22）年、教育・福祉に関する教育基本法、学校教育法、児童福祉法が制定された。これにより、幼稚園は就学前教育を行う学校として、保育所は児童福祉施設として整備されていく。

　就学前教育や保育に関して文部省は幼児教育内容調査委員会を1947年に設置し、1948（昭和23）年に『保育要領－幼児教育の手引き－』を刊行した。この保育要領は、児童中心主義の保育を志向し、幼稚園だけでなく保育所や保護者にも役立つよう編集されているが、あくまで「手引き」という位置づ

けであった。保育要領に掲げられた保育内容は、幼児期の発達特質の理解を前提として①幼児の生活指導（身体の発達・知的発達・情緒的発達・社会的発達）、②幼児の生活環境（運動場・建物・遊具）、③幼児の一日の生活（幼稚園の一日・保育所の一日・家庭の一日）、④幼児の保育内容—楽しい幼児の経験—（見学・リズム・休息・自由遊び・音楽・お話・絵画・制作・自然観察・ごっこ遊び劇遊び人形芝居・健康保育・年中行事）、⑤家庭と幼稚園（父母と先生の会・父母の教育・父母教育の指針・小学校との連携）であった。この保育要領の特色は、生活重視の視点を持ったこと、幼児の経験を幼稚園・保育所内に限定せず施設外にまで広げたこと、自由遊び（自由保育）及び父母教育の重要性を強調したことである。

　その後、幼稚園は小学校の準備教育を行う役割を求められたため文部省は保育要領を見直すことになり、1956（昭和31）年に幼稚園の役割を明確にして小学校教育との一貫性を担保する『幼稚園教育要領』を示した。保育所における保育の在り方については、1948年に児童福祉施設最低基準に保育内容規定を盛り込み、1950（昭和25）年に厚生省児童局が編集した『保育所運営要領』、そして1952（昭和27）年に同局が編集した『保育指針』が発刊された。保育所保育指針の制定が遅れたのは、保育所が救貧的施設として発足した経緯があり、積極的かつ意図的な教育・保育というよりも健康面・養護面に力点を置いたことが理由だとされる。

Ⅱ　日本の就学前教育・保育機関

1．幼稚園

　幼稚園は、学校教育法第1条学校として就学前の幼児を保育する学校として位置づけられている。設置主体は、国立大学法人（国立）、市区町村など（公立）のほか、社会福祉法人や宗教法人など（私立）である。

　幼稚園に入園できる者は、満3歳から小学校就学の始期に達するまでの幼

児である。必ずしも３年保育が必須ではなく、２年保育や１年保育も広く行われている。入園希望者は、直接入りたい幼稚園に申し込む。

職員は、幼稚園教諭免許状（普通免許・臨時免許）を持つ「教諭」である。しかし、他の学校種にある特別免許は認められていない。

１日の保育時間は、おおよそ９時から14時である。学校なので、週休２日が原則で長期休暇がある。

２．保育所

保育所は、厚生労働省が管轄する児童福祉法に定める「児童福祉施設」であり、都道府県・政令指定市・中核市が設置を認可した「認可保育所」と、児童福祉法上の保育所に該当するが認可を受けていない届出制の「認可外保育所」に分けられる。認可外保育所はさまざまな民間団体や個人が運営しているが、昨今は企業や学校法人も参入している。なお、「保育園」は通称である。

認可保育所に入ることができる者は、何らかの理由によって保育を必要とする（「保育に欠ける」）乳児・幼児である。入所希望者は、自治体に申し込むことが必要である。保育料は、保護者の前年度所得や所得税・住民税の課税状況と入所児の年齢によって算定される。

職員は、保育士資格（名称独占の国家資格）を有する「保育士」や給食のための栄養士や調理員、そして「零歳児保育特別対策事業」により看護師又は助産師を配置する場合がある。

１日の保育時間は、延長保育を含めておおよそ８時から19時頃までである。

３．認定こども園

認定こども園は、2006（平成18）年の「就学前の子どもに関する教育、保育等の総合的な提供の推進に関する法律」成立を受け創設された教育・保育・子育て支援を総合的に提供する施設である。監督官庁は、内閣府・文部

科学省・厚生労働省であり、都道府県知事が条例に基づき設立を認可する。

　認定こども園に入ることができる者は、運用形態にもよるが0歳の乳児から小学校入学前の幼児である。

　認定こども園は運営形態により、4種類に分類できる。

（1）幼保連携型認定こども園

　幼稚園的機能と保育所的機能の両方を併せ持ち、施設・設備が一体的に運営される類型。1日の保育時間は延長保育を含めておおよそ8時から19時頃まで（11時間）で、土曜日も開園することを原則とする。

　保育者は保育士資格と幼稚園教諭免許状の両方を持っていることが原則で、「保育教諭」と呼ぶ。制度の過渡期なので、免許・資格の片方しか持っていない者にも「保育教諭」となれるよう特別措置が講じられた。

（2）幼稚園型認定こども園

　幼稚園が保育所的機能を備えた類型。保育時間の延長や給食室を設けるなど、預かり保育を可能にしたもの。

　職員資格は、満3歳未満の乳幼児を保育する場合に保育士資格が必要となり、満3歳以上の幼児の場合は、保育士と幼稚園教諭免許状の併有が望ましいとされる。

（3）保育所型認定こども園

　認可された保育所が幼稚園的機能を備えた類型。保育所が受入れ条件として「保育に欠ける」乳幼児という制限をするのに対して、保育所型認定こども園はそのような制限をなくし誰でも利用できるようにした。よって、入園希望者は自治体ではなく、直接入りたい保育所型認定こども園に申し込む。

　職員資格は、満3歳未満の乳幼児を保育する場合に保育士資格が必要となり、満3歳以上の幼児の場合は、保育士と幼稚園教諭免許状の併有が望ましいとされる。

（4）地方裁量型認定こども園

　幼稚園や認可保育所がない地域において、都道府県独自の認定基準に従い

認定こども園として必要な機能を果たす類型。無認可園が認定こども園として運営が可能となる。但し、設置基準は保育園、幼稚園並みであることを求められる。

　職員資格は、満 3 歳未満の乳幼児を保育する場合に保育士資格が必要となり、満 3 歳以上の幼児の場合は、保育士と幼稚園教諭免許状の併有が望ましいとされる。

　開園時間は、地域の実情を考慮するので原則として指定されない。

Ⅲ　幼稚園教育要領、保育所保育指針及び
　　幼保連携型認定こども園教育・保育要領

1．幼稚園教育要領

（1）幼稚園教育要領の発刊（1956年）

　1956年、小学校学習指導要領改訂などとともに幼児教育の保育内容について本格的な議論がなされ、系統性と計画性を持った「幼稚園教育要領」が発刊された。幼児期は子供の遊びを中心とした保育方法・内容であるため、「学習指導要領」ではなく「教育要領」という名称となったようである。

　小学校教育との一貫性を持たせるため 6 領域（健康・社会・自然・言語・絵画制作・音楽リズム）にまとめられており、その目標を達成するための「望ましい経験」が示され計画的・組織的な指導を行うようにしたことが、この要領の特徴である。ただ、6 領域の内容が小学校の教科と連動することに繋がり、実践現場では領域ごとに教師主導で教えるという小学校での教科指導と類似した保育活動となる傾向が見られた。

（2）第 1 次改訂（1964年）

　1964（昭和39）年、幼稚園教育の独自性を明確化することや幼稚園教育課程についての基本的な考え方を示すなどの改訂がなされた。この改訂に際し学校教育法施行規則第76条が改正され、以後、幼稚園教育要領は小中高校と

同様に文部省告示として公示されることとなった。その内容については、従前の教育要領と同様に6領域を堅持したが、効果的な指導を行い調和のとれた発展的・組織的な指導計画の作成が求められた。

(3) 第2次改訂（1989年）

1980年代には受験競争が加熱し早期教育へのニーズが高まりを見せ、それに対応した知識技術中心の保育を行う一部幼稚園に対する批判が起こっていた。そのような状況を踏まえ1989（平成元）年、25年ぶりに教育要領が改訂された。その骨子は、「教師主導の保育」から「子供が中心となる保育」へ転換すること、「環境による保育」を基本理念とすること、指導から援助へと転換すること、6領域を健康・環境・人間関係・言葉・表現の5領域に改めたこと、である。

この改訂では子供中心の保育を強調しているのだが、保育者の指導の方向性が示されなかった。新しい"指導"は"援助"であると官側が繰り返し強調したため実践現場では、教師の職務は環境を用意し幼児の自発的活動を援助することで足るとの解釈が生まれ、一部には自由放任の保育が良いとする風潮も現れた。当時、指導と援助は別概念であり自発性を強調することが指導をしないことと考えるのか、援助は指導のなかに含まれる概念で自発性を強調することが指導をしなくともよいとはならないと考えるのか、という論争が起こった。

(4) 第3次改訂（1998年）

子供を取り巻く社会環境の変化に伴い1998（平成10）年、第3次の改訂がなされた。この改訂では、前回の改訂において提示された幼稚園の基本姿勢や保育内容を継承し、教師の指導性と子供の主体性とのバランスを図ることを重要視した。また地域に開かれた幼稚園の在り方、幼稚園と家庭との連携、子育て支援の視点も盛り込んだ。

教育要領は「教育課程に係る教育時間の終了後の教育」（預かり保育）にも言及しており、幼稚園が適正な指導体制を整えることを期待した。また、子

育て支援事業として2008（平成20）年度より「３歳児未満児入園事業」が行われるようになり、幼稚園の２歳児受け入れが進むようになった。つまり幼稚園は、保育の長時間化と低年齢児受け入れなどを行うことで多様な役割を持つようになった。

（5）第４次改訂（2008年）

　2006年の教育基本法改正と学校教育法の改正を受けて、2008年に教育要領の第４次改訂がなされた。この改訂については、従前の教育要領で示された内容を継承しているため大きな変化はない。預かり保育に関する留意点を特記したこと、小学校教育との連携を一層充実させること、などが特徴であり今まで積み重ねてきた幼稚園教育を継承・発展・充実させようとした。

（6）第５次改訂（2017年）

　旧教育要領の内容を引き継ぎ、その内容を以下の点で充実させた。

　第１点、発達や学びの連続性を踏まえた教育の充実を図ること。幼稚園生活により義務教育及びその後の教育の基礎が培われることを明確化し、幼稚園と小学校の教師が幼児と児童の実態や指導の在り方について相互理解を深め幼児と児童の交流を図ること、幼児同士が協同する経験を重ねること、規範意識の芽生えを培うことを通じて幼小連携の実を確かなものにし、子供や社会の変化に対応するため多様な体験を重ね一つ一つの体験の関連性を図ること、表現に関する指導を充実すること、自信をもって行動できるようにすること、などを掲げた。

　第２点、幼稚園生活と家庭生活の連続性を踏まえた幼稚園教育を充実すること。心の拠り所である家族を大切にする気持ちを育むこと、家庭と連携しながら基本的な生活習慣を身につけさせること、家庭との連携に当たって保護者の幼児期の教育に関する理解がより深まるようにすること、を掲げた。

　第３点、子育て支援と預かり保育を充実すること。子育て支援については、相談、情報提供、保護者同士の交流の機会の提供など、地域における幼児教育センターとしての役割を果たすよう努めることが示された。預かり保育に

ついては、幼児の心身の負担に配慮した上で、教育課程の活動を考慮し幼児にふさわしいものとすること、家庭や地域での生活を考慮し預かり保育の計画を作成すること、家庭との緊密な連携を図り保護者の意識を高めること、地域や保護者の事情と幼児の生活のリズムを踏まえること、適切な指導体制を整備し教師の責任と指導の下に預かり保育を行うこと、などが求められた。

２．保育所保育指針

（1）保育所保育指針の発刊（1965年）

　1965（昭和40）年に「保育所保育指針」（以下、「保育指針」とする）が制定される以前は、1948年の「児童福祉施設最低基準」に保育内容の規定を盛り込み、1950年に厚生省児童局が編集した「保育所運営要領」、同局はさらに1952年に「保育指針」を発し保育の充実を図っていた。

　1965年に示された「保育指針」は、２歳児未満児に生活と遊びの領域が設定され、２歳児には生活と遊びの内容のうち対人関係の活動が「社会」として抽出され、３歳児には言語を分化させること、４歳以上の子供に対しては「幼稚園教育要領」（以下、「教育要領」とする）と同様の６領域を保育内容とした。「保育指針」は保育所における保育内容充実のガイドラインとして示されているので、保育現場では弾力的対応が行われた。

（2）第１次改訂（1990年）

　「保育指針」も「教育要領」と同じく25年間改訂されていなかったが、1989年の「教育要領」改訂に伴い1990（平成２）年に改訂された。

　まず、生命の保持や情緒の安定など養護機能を重視し乳児保育の需要の高まりにより新たな年齢区分として「６か月未満」を設定したこと、次に発達の特性からみて３歳未満に設定していた保育内容の領域を設定しなかったこと、そして３歳以上の保育内容は教育要領改訂に準じて６領域を５領域に改めた。なお、幼稚園同様に保育者主導から子供中心の保育に転換することや、幼児の自発性の発達を援助することが求められた。

（3）第 2 次改訂（1999年）

　大きな改訂はなく、子供の健康に対する配慮が強められ、アトピー性皮膚炎、乳幼児突然死症候群、児童虐待への対応強化が求められた。

（4）第 3 次改訂（2008年）

　今までの保育指針は厚生省局長による「通知」形式をとったガイドラインであったが、この改訂により法的拘束力を有する「告示」となり児童福祉の最低基準として位置づけられた。告示化により保育基準として規定する事項を基本的なものに限定し「大綱化」を図ったため、13章構成から 7 章構成となった。「保育の計画及び評価」（第 4 章）では「保育課程」を「保育計画」の上位概念と位置づけて、"計画−実践−記録−評価"の過程を通じて保育の質の向上を図り、併せて保育内容の「自己評価」を行うことが加えられている。そして、小学校との連携については幼稚園と同様に子供が小学校に入学する際に「保育所児童保育要領」の作成と送付が義務づけられた。

　この改訂は教育要領との共通点が増え、保育指針と教育要領との垣根が低くなっている。

（5）第 4 次改訂（2017年）

　1 〜 2 歳児を中心に保育所を利用する子供が増加する一方、核家族化や地域社会との繋がりが著しく稀薄化していく社会状況により、周囲の社会から子育てへの協力を得ることが難しくなっている。これに対処するため、次のような方向性を打ち出した。

　第 1 点、3 歳児未満の子供に対する保育の重要性を明確にしたこと。

　第 2 点、保育所を積極的に幼児教育施設として位置づけること。幼保連携型認定こども園、幼稚園とともに保育所は幼児教育を行う施設として重要度が高まっている。そして幼児期の終わりまでに育っていてほしい姿を明確にすることで保育計画の作成・実行・評価が求められ、その評価を反映させて改善を進めるようにした。

　第 3 点、子供の健康や安全への配慮と大きな災害への備えを重視すること。

個々の子供は健康状態や発育に差があるので、個々に応じた健康支援や食育への取組を推進する。また災害発生時における保育所の役割を想定し、保護者や関係機関と情報共有や連携ができる体制構築の必要性に言及した。

　第4点、保護者や地域社会と連携した子育て支援を充実すること。種々の保育ニーズを考慮して「保護者に対する支援」を「子育て支援」に改めた。保護者への子育て支援は家庭の事情を踏まえ、保護者や子供のプライバシーを守りながら行うほか、保護者が保育活動に積極的に参加するように促すことや、特別な対応が必要な家庭への個別支援に関する事項を新たに加えた。

　第5点、保育士をはじめとする職員のキャリアパスと研修を充実すること。様々な機能や役割を担っている保育所では職員の資質や専門性の向上が常に求められるため、保育士や職員に対して研修機会を充実させることが重要となる。「保育士等キャリアアップ研修ガイドライン」等を活用して、職位や職務内容に応じたキャリアパスに合わせた研修計画作成が求められている。

3．幼保連携型認定こども園教育・保育要領

(1) 幼保連携型認定こども園教育・保育要領の告示（2014年）

　2015（平成27）年に子ども・子育て支援新制度が実施されたが、その前年の2014年に認定こども園の保育内容の基準として「幼保連携型認定こども園教育・保育要領」（以下「教育・保育要領」）が認定こども園制度を所轄する内閣府・文部科学省・厚生労働省によって示された。この教育・保育要領の基本方針は、教育要領・保育指針との整合性を確保すること、そして小学校との円滑な接続に配慮することである。また、幼保連携型認定こども園以外の認定こども園（幼稚園型・保育所型・地方裁量型）でも、教育・保育要領を踏まえることとした。

(2) 第1次改訂（2017年）

　2017（平成29）年に、教育要領、保育指針とともに教育・保育要領が改訂された。改訂教育要領と保育指針との整合性を担保することに配慮し、その

特色として、育みたい資質能力と「幼児期の終わりまでに育ってほしい姿」を明確化したこと、園児の理解に基づいた評価を実施すること、特別な配慮を必要とする園児への指導を充実すること、健康及び安全に関する内容について充実すること、などを挙げることができる。

【引用・参考文献】

浦辺史・宍戸健夫・村山祐一編『保育の歴史』青木書店、1981年。

文部省編『学制百二十年史』ぎょうせい、1992年。

湯川嘉津美『日本幼稚園成立史の研究』風間書房、2001年。

米田俊彦編『近代日本教育関係法令体系』港の人、2009年。

酒井朗・横井紘子『保幼小連携の原理と実践』ミネルヴァ書房、2011年。

民秋言編『幼稚園教育要領・保育所保育指針の変遷と幼保連携型認定こども園教育・保育要領の成立』萌文社、2014年。

文部科学省編『幼稚園教育要領解説』フレーベル館、2018年。

厚生労働省編『保育所保育指針解説』フレーベル館、2018年。

内閣府・文部科学省・厚生労働省『認定こども園教育・保育要領解説』フレーベル館、2018年。

第10章　学校教育課程編成と教育評価

Ⅰ　学校教育課程の編成

　学校教育課程とは、「学校の教育目的や目標を達成するために、教育の内容を児童・生徒の心身の発達に応じ、授業時数との関連において総合的に組織した学校の教育課程」（文部省編『小学校指導書　教育課程一般編』1978年）と解されてきた。その後、2008（平成20）年公示の小中学校学習指導要領で「各学校においては、教育基本法及び学校教育法その他の法令並にこの章以下に示すところに従い、児童・生徒の人間として調和のとれた育成を目指し、地域や学校の実態及び児童・生徒の心身の発達の段階や特性を十分考慮して、適切な教育課程を編成するものとし、これらに掲げる目標を達成するよう教育を行うものとする」と規定され、各学校では、校長、教頭・副校長、主任などによるリーダーシップを発揮して、教職員の協同により学校の年間計画等の教育課程を編成している。

　なお、地域社会に開かれ、社会と連携した学校を志向する文教政策の潮流に対応して、2000（平成12）年度から始まった学校評議員制度、さらにコミュニティスクール（2017年：学校運営協議会制度）や、地域学校協働活動などにより、保護者、地域住民が学校教育課程の編成に関わる機会を持つことが期待されている。

1．教育目標の設定

　義務教育を例にすると、その目的は、国家・社会の形成者として共通に求められる最低限の基盤的な資質の育成や、国民の教育を受ける権利の保障で

ある。義務教育は国家・社会の要請に基づいて国家・社会の形成者としての国民を育成するというだけではなく、憲法の規定する個々の国民の教育を受ける権利を保障する観点から、個人の個性や能力を伸ばし人格を高めることが任務である。この目的を実現するために必要となるのが、具体的な目標の設定である。つまり、教育目標の設定は、学校教育課程の編成に当たって最初に問われるものであり、学校が育もうとする人間像を設定することに他ならない。教育目標設定の根拠となるのは、日本国憲法、教育基本法、学校教育法や同法施行令・施行規則、学習指導要領、都道府県・市町村（区を含む）の策定した教育方針といった「諸法令」であり、それらを踏まえた上で児童生徒や地域社会の実態などを加味して設定される。

２．教育課程の構造

　教育目標に対応して、社会に存在する諸文化・知識・技能のなかから次世代に継承すべき事物を選択して、それらを教育内容として構造化する必要がある。

　継承すべき教育内容の選択については、例えば、理科については自然科学の専門性を保持して教授するのか、一般的教養として身につけることを目途とするのかにより選択内容が変わってくる。これは、学校体系における位置づけとして、普通教育なのか専門教育なのかという観点に基づき検討すべきものである。

　教育目標に依拠して選択された教育内容は、「スコープ」（scope）と「シークェンス」（sequence）という視点から構造化される。

　スコープとは、教育課程を編成する際にどのような内容を選択するのかという教育内容の領域、または範囲を指す用語である。スコープの考え方も教育観によって異なる。生活中心主義の立場では生活に必要に即した領域を設定するし、学問中心主義の立場では既存の学問体系に即して教科・領域を設定することとなる。

シークェンスとは、教育内容の排列、学習の順序や系統性を意味する。ここでも、子供の発達段階に即して簡単なものから難しいものへ、単純なものから複雑なものへ、具体的なものから抽象的なものへと排列しようとする考え方と、1960年代にブルーナーが提唱した教科の本質は低年齢からでも教えられるという考え方、つまり様々な知識や技術を教えるのではなく「教科の本質」を教えるという立場がある。

3．履修の原理

　学校教育課程の共通性をどこまで確保するのか、またどの程度の弾力性を持たせるのかを学校教育の段階ごとに考える必要がある。これは教育課程における履修原理の問題でもある。

　基本的な履修原理として、履修主義と修得主義がある。履修主義とは、被教育者が所定の教育課程を能力に応じて一定年限履修すればよく、所与の教育目標を満足する業績をあげることは求められない。修得主義とは、被教育者が所定の教育課程を履修し、その教育目標が定める一定水準の成果をあげることが求められ、それができなければその課程を修了したと認められない。日本では、履修主義が義務教育段階の学校における履修原理、修得主義が高等学校や大学といった義務教育外の学校で採用されている。しかし、高等学校や大学の大衆化により、所定の教育年限で卒業させようとする傾向が顕著となり、修得主義は大きく後退している。

4．教育内容の提供

　学習指導要領に定められた各教科、教科外活動（いわゆる「領域」）や部活といった教育課程外活動も含め、各学校は原則として全教員の協力により学校全体の教育計画を策定する必要がある。まず作成する必要があるのは「年間行事計画」である。年間の行事を設定し４月から翌３月までの授業日数（登校日）を確定する。次は「日課表」の策定である。月曜日から金曜日に

おける日々のスケジュールを示すものである。1時間目はいつから始めるのか、朝会、休憩時間、給食、清掃、帰りの会などの時間を考慮して策定されることが通例である。なお、学校教育法施行規則により教育計画は各校長が最終的な責任を負う。

　この全体計画に基づき、単元ごとの教育内容を提供することが授業である。そして授業計画のことを学習指導案（教案、指導案）と呼ぶ。1時間分の授業計画を示す場合が多いのだが、単元における当該授業の持つ位置と役割を明らかにするため、単元全体の目標や課題を示す必要がある。

　一般的に学習指導案には、「単元（題材・教材）名」、「授業の日時・場所・学習者（学年、学級、人数）」、単元についての「設定理由・学習者の実態・指導観など」、「単元目標」、「指導計画（全体で○時間扱いの単元）」、担当授業時間の指導計画として「学習内容と児童生徒の活動・指導や支援における留意点・評価の観点など」、授業後の「評価」という事項が記載される。

Ⅱ　学校教育における教科書

1．教科書とは何か

　教科書とは、広義には教育や学習のために編集される図書一般を指し、狭義には小学校、中学校、義務教育学校、高等学校、中等教育学校、特別支援学校（小学部・中学部・高等部）の児童生徒が用いる教科用として編修された図書を言う。

（1）広義の教科書

　かつて教科書と呼べるものは教典・経典や古典の類いであった。聖書はキリスト教の、コーラン（クルーアン）はイスラム教の普及発展に不可欠な教科書であったし、東アジアの中国文化圏では四書五経などが教科書として用いられたほか漢字を学ぶための手本として「千字文」が普及した。

　学校教育の発展とともに、学習書として教育目的や子供の発達段階に応じ

た教材を精選し編集するようになった。

　17世紀に活躍した近代教授学の祖であるコメニウスは、視覚に訴える方法として世界初の絵入り教科書である『世界図絵』を1658年に出版した。この本は、見開き2ページを1課に充て、木版画のイラストレーションと言語とを左右のページで理解できるよう工夫されている。『世界図絵』発刊以後、ヨーロッパでは図版と文章を改良した新版が様々な言語を用いて出版された。

　ヨーロッパにおいて『世界図絵』が普及していた頃、日本では庶民の教育施設である寺子屋（手習塾）が普及していた。寺子屋では「往来物」（平安時代後期から明治時代初期にかけて主に往復書簡といった手紙類の形式を採って作成された初学者用テキストの総称）が用いられ、特に『実語教』や『童子教』が流布したとされる。1688（貞享5）年には、子供たちに理解しやすいように往来物の一つである『庭訓往来』の内容を絵図で示した『庭訓往来図譜』が作成された。往来物の内容は庶民の生活に即しており、身分や地域社会の

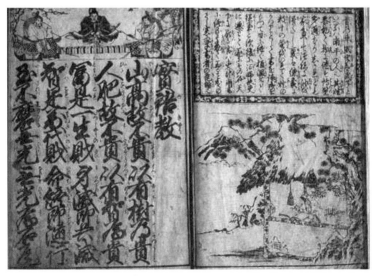

図 10-1　『実語教』（静岡県立中央図書館）

生活に結びつけて編集されるので、「山高きが故に貴からず」からはじまる『実語教』などの教訓的なもの、「都路は五十次余にみつの宿」にはじまる『都路往来』などの地理的教材、「抑、農家耕作の事」からはじまる『農業往来』など職業教育を主眼としたもの等に分類できる。

　(2)　狭義の教科書

　法令上に規定された「教科書」や「教科用図書」の定義が、狭義の教科書を考えるための参考となる。

　「教科書の発行に関する臨時措置法」(教科書発行法) 第2条において「教科書」を「小学校、中学校、義務教育学校、高等学校、中等教育学校及びこれらに準ずる学校において、教育課程の構成に応じて組織排列された教科の主たる教材として、教授の用に供せられる児童又は生徒用図書であって、文部科学大臣の検定を経たもの又は文部科学省が著作の名義を有するもの」としている。また「教科書」については、学習指導要領等に基づく教育課程の構成に応じて組織・排列されていること、教科の主たる教材であること、教授の用に供せられる児童・生徒用図書であること、そして文部科学省検定済教科書と文部科学省著作教科書の2種類があること、が示された。教科用図書検定規則第2条では、「この省令において『教科用図書』とは、小学校、中学校、義務教育学校、中等教育学校、高等学校並びに特別支援学校の小学部、中学部及び高等部の児童又は生徒が用いるため、教科用として編修された図書をいう」と規定している。

　このように、法令上の用語として「教科書」や「教科用図書」が使用されているが、どちらも同じ意味である。

2．教科書の種類と使用義務

　すべての児童・生徒は、教科書を用いて学習する必要がある。学校教育法第34条で「小学校においては、文部科学大臣の検定を経た教科用図書又は文部科学省が著作の名義を有する教科用図書を使用しなければならない」とし

て、文部科学省の検定を経た教科書（文部科学省検定済教科書）または文部科学省が著作名義を有する教科書（文部科学省著作教科書）の使用を義務づけている。この規定は、中学校、義務教育学校、高等学校、中等教育学校や特別支援学校にも準用される。

　教科書使用義務の例外として、学校教育法附則第9条では「高等学校、中等教育学校の後期課程及び特別支援学校並びに特別支援学級においては、当分の間、第三十四条第一項（第四十九条、第六十二条、第七十条第一項及び第八十二条において準用する場合を含む。）の規定にかかわらず、文部科学大臣の定めるところにより、第三十四条第一項に規定する教科用図書以外の教科用図書を使用することができる」と規定した。その理由は、高等学校・中等教育学校後期課程では、教科・科目数が多くそれら全てに教科書が作成されるわけではないこと、特別支援学校や特別支援学級においては小中学校で使用される教科書を用いることが適切ではない場合があること、である。よって、適切な「教科書」がないといった特別な場合、一般図書を教科書として使用することが可能となっている。

3．補助教材

　学校教育法第34条第2項で「前項に規定する教科用図書（以下この条において「教科用図書」という。）の内容を文部科学大臣の定めるところにより記録した電磁的記録（電子的方式、磁気的方式その他人の知覚によつては認識することができない方式で作られる記録であつて、電子計算機による情報処理の用に供されるものをいう。）である教材がある場合には、同項の規定にかかわらず、文部科学大臣の定めるところにより、児童の教育の充実を図るため必要があると認められる教育課程の一部において、教科用図書に代えて当該教材を使用することができる」、同条第3項で「前項にに規定する場合において、視覚障害、発達障害その他の文部科学大臣の定める事由により教科用図書を使用して学習することが困難な児童に対し、教科用図書に用いられた文字、図

形等の拡大又は音声への変換その他の同項に規定する教材を電子計算機において用いることにより可能となる方法で指導することにより当該児童の学習上の困難の程度を低減させる必要があると認められるときは、文部科学大臣の定めるところにより、教育課程の全部又は一部において、教科用図書に代えて当該教材を使用することができる」、そして同条第4項で「教科用図書及び第二項に規定する教材以外の教材で、有益適切なものは、これを使用することができる」として、教科書以外の補助教材の使用を認めている。

　補助教材の選定は、その教材を使用する学校の校長や教員が行い、教科書以外の教材の使用について予め教育委員会に届け出るか、教育委員会の承認を受けさせる（地方教育行政の組織及び運営に関する法律第33条第2項）ことを要する。

　補助教材の範疇は時代により異なっていく。副読本、資料集、新聞やDVD等のほか、ICTの発達により多種多様なメディアを教材として利用することが可能となっている。これらを使用した教育活動により、児童・生徒の学習活動をより豊かにすることができるけれども、使用時には著作権に注意する必要がある。

　著作権者以外の者が著作物を利用する場合には、基本的に著作権者の承諾を得る必要がある（著作権法第63条）が、「学校その他の教育機関（営利を目的として設置されているものを除く。）において教育を担任する者及び授業を受ける者は、その授業の過程における使用に供することを目的とする場合には、必要と認められる限度において、公表された著作物を複製することができる。ただし、当該著作物の種類及び用途並びにその複製の部数及び態様に照らし著作権者の利益を不当に害することとなる場合は、この限りでない」（同法第35条第1項）と、学校において一定の条件を満たすことにより著作物を自由に利用することが認められている。

Ⅲ　教育課程への評価

1．学校教育課程への評価

　子供の発達を促進するため意図的・計画的に働きかけることが学校教育の任務である。この学校教育に対する評価は、教育の成否を確認し、教育の改善につなげていく重要な活動である。

　学校の教育評価は、学力評価、授業評価、教育課程評価、学校評価など、種々の位相（phase）がある。授業評価、教育課程評価、学校関係評価といった位相ごとに関係を整理すると、教育課程評価は授業評価を核心部として位置づけ、さらに教室で行われている教授・学習活動を間接的に規定する諸条件に関する評価を包含することが求められている。

　文部科学省は2008（平成20）年より、学校の組織的・継続的な取り組みと説明責任、学校・家庭・地域の連携協力、教育委員会による支援・改善により、児童生徒がより良い学校生活を送ることが出来るよう学校運営の改善を行うための「学校評価ガイドライン」を策定し、さらに時代に対応するため

表 10-1　授業評価・教育課程評価・学校評価の関係

学校評価	
教育課程の評価　　　地域のカリキュラム　　　年間指導計画　　　学校行事等　　　下級・上級学校との連携　　　教授組織　　　学習組織　　　施設・設備の利用状況　　　学習活動のためのスペース	学校の教育目的　学校経営の方針　学校研究の課題と方法　学校の研修体制　管理職のリーダーシップ　教師集団の人間関係　児童・生徒の実態　児童・生徒のニーズや期待　保護者のニーズや期待　学校と保護者との協力　地域社会との連携　スクールカラー、伝統

（授業評価の枠内）授業評価　授業過程の評価　授業成果の評価

（出所）　水越敏行『授業評価研究入門』明治図書出版、1982 年、20 頁。

数次の改訂がなされている。

　学校評価の種類は、①PDCAサイクルを用いて教職員自らが行う「自己評価」、②保護者や地域住民などによる「学校関係者評価」、③教職員や学校関係者以外の第三者による「第三者評価」があり、「自己評価」は必須、「学校関係者評価」は努力目標として行うべきもの、「第三者評価」は任意となっている。2016（平成28）年の改訂では、義務教育学校・小中一貫型小学校・小中一貫型中学校が発足するため、小中一貫型小学校・小中一貫型中学校では接続する両校の教職員が連携して「自己評価」を実施すること、義務教育学校では前期・後期課程の児童生徒の保護者の双方が評価者とし、小中一貫型小学校・小中一貫型中学校では学校関係者評価委員会を両校横断的な組織として接続する小学校・中学校双方の保護者を評価者に加えることができるなど、小中一貫教育を実施する学校における学校評価の在り方を示した。

２．児童・生徒への評価

　「指導要録」とは、児童・生徒への教育評価を記載する公的文書であり（学校教育法施行規則第24条）、学籍、指導の過程と結果の要約等を記録し、その後の指導に活かすとともに、上級学校受験時など外部に対する証明にも用いられる原簿である。いわゆる「通知表（通信簿）」は、学校と家庭との非公式な連絡簿なので法的規定はない。

　戦前・戦中期には指導要録の前身である学籍簿が用いられ、ややもすれば児童生徒の「品等付け」といった教師の恣意的な評価（絶対評価・認定評価）になりがちであった。この絶対評価の主観性に対する批判から、戦後の指導要録では相対評価が採用された。相対評価とは、母集団内における子供たちの位置・序列を明らかにするもので「集団に準拠した評価」とも呼ばれる。試験の点数に基づき客観的に成績がつくようになったことで、子供たちにある種の解放感・公平感をもたらしたが、必ず出来ない子供がいることを前提とすること、競争を常態化させてしまうこと、学力の実態ではなく集団内に

表 10-2　2019年改訂　小学校児童指導要録参考様式（一部）

様式2（指導に関する記録）

児 童 氏 名	学 校 名	区分／学年	1	2	3	4	5	6
		学　　級						
		整理番号						

	各 教 科 の 学 習 の 記 録								特 別 の 教 科 　 道 徳	
教科	観　点／学　年	1	2	3	4	5	6	学年	学習状況及び道徳性に係る成長の様子	
国語	知識・技能							1		
	思考・判断・表現									
	主体的に学習に取り組む態度							2		
	評定									
社会	知識・技能							3		
	思考・判断・表現									
	主体的に学習に取り組む態度							4		
	評定									
算数	知識・技能							5		
	思考・判断・表現									
	主体的に学習に取り組む態度							6		
	評定									
理科	知識・技能								外 国 語 活 動 の 記 録	
	思考・判断・表現							学年	知識・技能　思考・判断・表現　主体的に学習に取り組む態度	
	主体的に学習に取り組む態度							3		
	評定									
生活	知識・技能							4		
	思考・判断・表現									
	主体的に学習に取り組む態度								総 合 的 な 学 習 の 時 間 の 記 録	
	評定							学年	学習活動　　観　点　　　評　価	
音楽	知識・技能							3		
	思考・判断・表現									
	主体的に学習に取り組む態度									
	評定							4		
図画工作	知識・技能									
	思考・判断・表現									
	主体的に学習に取り組む態度							5		
	評定									
家庭	知識・技能									
	思考・判断・表現							6		
	主体的に学習に取り組む態度									
	評定									
体育	知識・技能								特 別 活 動 の 記 録	
	思考・判断・表現							内　　容	観　点／学　年　　1 2 3 4 5 6	
	主体的に学習に取り組む態度							学級活動		
	評定									
外国語	知識・技能							児童会活動		
	思考・判断・表現							クラブ活動		
	主体的に学習に取り組む態度									
	評定							学校行事		

おける子供たちの相対的な位置を示すにとどまることなどが指摘された。

　このような相対評価に対する問題点の指摘により、絶対評価の導入がなされるようになった。競争・選抜型の評価から、協同・学力保障型の評価への転換を志向したのである。1971（昭和46）年改訂の指導要録では絶対評価を加味した相対評価、つまり相対評価としての5段階評価の配分比率を正規分布ではなくてもよいとする方針が打ち出された。さらに1980（昭和55）年改訂の指導要録では、「観点別学習状況」欄において期待される学習の到達目標の達成具合で児童生徒を評価する「到達度評価」が導入された。絶対評価の一形態である到達度評価へは、客観性を担保できないとか児童生徒の学びが画一化されるといった批判がなされた。

　「到達目標を達成できたかどうか」という二分法的な到達度評価に対して、段階的に「どの程度達成できたか」という規準を用いた評価法を「目標に準拠した評価」と言う。2001（平成13）年及び2010（平成22）年に改訂された指導要録では、「観点別学習状況」欄と「評定」欄に、指導に生かすための評価として有効とされた「目標に準拠した評価」が導入された。しかし、それへの批判として、目標からはみ出したりそれを乗り越えていく子供の姿が軽視される点、外的な評価（目標）に自分を合致させることが優先され「指示待ち」や「評価待ち」の子供になる危険性があり子供の「内的な評価」が着目されない点、目標への到達を重視するあまり目標に至る（至らない）子供たちの試行錯誤や葛藤が看過される可能性がある点、明示的・量的な目標が強調され質的に高次の教育目標にまで至らないことがある点などを挙げることができる。

【引用・参考文献】

田中耕治『教育評価』岩波書店、2008年。

田中耕治・水原克敏・三石初雄・西岡加名恵『新しい時代の教育課程』第3版、有斐閣アルマ、2011年。

篠原正典・宮寺晃男編著『新しい教育の方法と技術』ミネルヴァ書房、2012年。
小川哲哉・生越達・佐藤環・杉本憲子『教育課程・方法の論究』青簡舎、2013年。
山内紀幸編著『教育課程論』一藝社、2013年。
山﨑準二編著『新版　教育の課程・方法・評価』梓出版、2016年。

第11章　今後の学校のあり方と地域社会

Ⅰ　超スマート社会と学校の在り方

1．超スマート社会の到来

(1)「Society 5.0」の実現による超スマート社会

　内閣府によって2016（平成28）年度より5年計画として始まった「第5期科学技術基本計画」第2章では、「超スマート社会」と「Society 5.0」という新しい2つの概念が提示された。

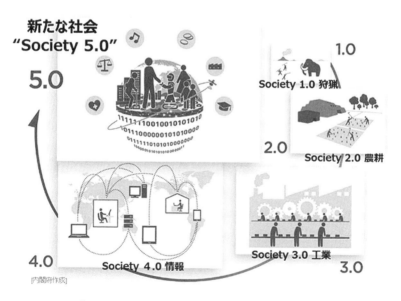

図 11-1　「新たな社会"Society 5.0"」（出所：内閣府ホームページ）

「超スマート社会」とは、「必要なもの・サービスを、必要な人に、必要な時に、必要なだけ提供し、社会の様々なニーズにきめ細やかに対応でき、あらゆる人が質の高いサービスを受けられ、年齢、性別、地域、言語といった様々な違いを乗り越え、活き活きと快適に暮らすことの出来る社会」、つまり人々に豊かさをもたらすことが出来る社会と定義されている。また「Society 5.0」には、狩猟社会（Society 1.0）、安定した食糧確保ができる農耕社会（Society 2.0）、産業革命以後の工業社会（Society 3.0）、情報機器の普及した情報社会（Society 4.0）の4つの社会に続く新たな社会を生み出す変革を、科学技術イノベーションが先導して形成しようとするメッセージが込められている。

　「超スマート社会」においては、現実のデータを仮想世界で処理し、今まで以上にスムーズに現実世界へのフィードバックがなされる。そのためにIoTの仕組みを整備・充実することにより、経済発展と住みやすい社会の実現という相反する問題を解決していこうとする。

図 11-2　「Society 5.0」が目指す社会（出所：内閣府ホームページ）

「Society 5.0」は、情報社会（Society 4.0）に続く近未来の社会を指している。サイバー空間（仮想空間）とフィジカル空間（現実空間）をAI（人工知能）・ロボット・ビッグデータ・IoT（モノに通信機能を持たせインターネット接続により自動認識・自動制御・遠隔操作をすること）などの活用によって連携できるシステムを構築し、AIやロボットに管理されるのではなく、人間一人ひとりが生き生きと暮らせる人間中心の社会である。「Society 5.0」は情報社会（Society 4.0）が抱えていた、知識・情報の共有が不十分で分野を横断した連携がスムーズに行われない点、人間の能力に対して多すぎる情報から必要な情報の探索や分析が負担となる点、年齢やさまざまな障害により労働や行動に制限がある点、少子高齢化による問題や地方の過疎化に対して対応が不十分な点を、AI、ロボット、IoTを普及・推進することで克服しようとする。

（2）「Society 5.0」に向けた人材育成

2018（平成30）年6月に文部科学省内タスクフォースによる「Society 5.0に向けた人材育成〜社会が変わる、学びが変わる〜」が示された。

「Society 5.0」により学校や学びが変わっていく。そのために、一斉一律授業では基盤的学力を確実に習得させつつ個人の能力・進度・関心に応じた学びの場にすること、同一学年集団の学習は同一学年に加え目的に対応した異年齢・異学年集団での協同学習を拡大すること、学校の教室での学習から大学・研究機関・企業・NPO・教育文化スポーツ施設等を活用した多様なプログラムを開発すること、などが提起された。学びの在り方については、多様な学習の機会と場の提供による「公正に個別最適化された学び」の実現、全ての児童・生徒が基盤的な学力や情報活用能力を習得させるために学校の指導体制の確立や教員免許制度の改善などを行うこと、文理両方を学ぶ人材育成のための高大接続改革や地域の良さを学びコミュニティを支える地域人材育成の推進が提起された。

2．地域に対する学校の在り方

(1) 社会に開かれた学校

1980年代の学校では、校内暴力、登校拒否やいじめなどの問題が顕在化し、学校だけでは対応できないケースが増えていった。また、学校の閉鎖性を批判する声も高まり、警察や児童相談所等の外部機関や地域社会との連携が求められていった。この頃から「開かれた学校」という言葉が頻繁に使われるようになったのだが、ここで言う「開かれた」とは、学校が持っている情報を地域社会に開示し、学校への「参加」と「協力」を地域社会に求めていこうとするものであった。

2017・2018年改訂の学習指導要領で提唱された「社会に開かれた教育課程」の「開かれた」とは、学校と地域社会の連携・協力だけではなく、学校や地域社会が抱えている諸問題をお互いが共有して解決を図ろうとすることである。つまり、学校は「より良い社会を創る」ことを目標に、地域社会も「より良い教育を創る」ことを自覚し、双方が当事者として協働することが求められた。

「社会に開かれた教育課程」の具体的イメージについては、次の3点から捉えることができる。

第1点。日本の学校教育は、学校段階ごとに示された学習指導要領が定める教育課程を着実に遂行することに汲々としている。学習指導要領の完遂が絶対的目的とするなかで、学校種間や実社会との繋がりが希薄になっていった。よって、日々行われている学習活動が他校種の教育課程と連関しているのか、また実社会でどのように活用できるのかを意識した指導が求められる。

第2点。教科間との連携、つまり教科を横断する指導の必要性は明治後期より指摘され、現代においても「生活科」や「総合的な学習の時間」を創設する際にも議論がなされてきた。各種の学力調査等で日本の児童生徒が知識・技能の活用能力に課題があることが指摘されているが、それは教科間の繋がりを意識することを軽んじた、つまり教科の独自性を重視し過ぎた結果

であるとする。今後は、「教科横断的な視点」で教育課程を編成する必要性
があり、各学校がカリキュラム・マネジメントを通じて実現させていくこと
が望まれる。

　第3点。学校と地域社会の繋がりについては、「参加」から「参画」、「協
力」から「協働」へ移行することが求められている。地方教育行政の組織及
び運営に関する法律の一部改正により、2004（平成16）年から学校運営協議
会制度（コミュニティ・スクール）が制度化され、さらに2017（平成29）年の
社会教育法一部改正による「地域学校協働活動」の整備により「社会に開か
れた教育課程」の充実が期待されている。

（2）「チーム学校」が志向する学校像

　これからの学校が教育課程の改善等を実現し、複雑化・多様化した課題を
解決していくためには、学校の組織としての在り方や、学校の組織文化に基
づく業務の在り方などを見直し、「チームとしての学校」を作り上げていく
必要がある。

　そのため、現在、配置されている教員に加えて、多様な専門性を持つ職員
の配置を進めるだけでなく、教員と多様な専門性を持つ職員が一つのチーム
として、専門性を生かし連携・協働できるよう、管理職のリーダーシップや
校務の在り方、教職員の働き方の見直しを行わねばならない。

　校長のリーダーシップの下、カリキュラムをはじめ日々の教育活動、学校
の資源が一体的にマネジメントされることで、教職員や学校内の多様な人材
が各の専門性を生かして能力を発揮し、子供たちに必要な資質・能力を確実
に身に付けさせることができる学校が実現されていく。その際、以下の視点
に沿った検討を加えることで学校のマネジメント・モデルの転換を図ること
が肝要である。

①専門性に基づくチーム体制の構築

　これからの学校に必要な教職員、専門能力スタッフ等の配置を進めるとと
もに、教員が授業等の専門性を高めることができる体制や専門能力スタッフ

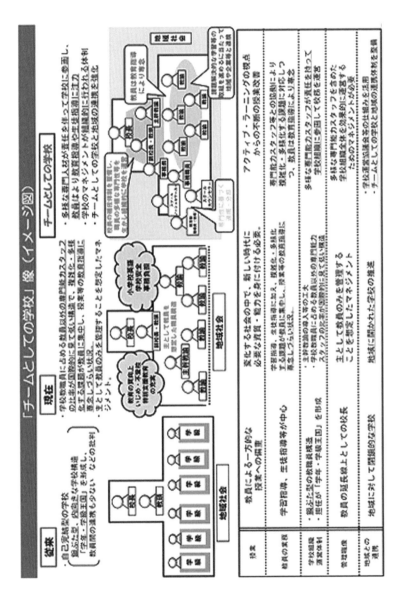

図11-3 「チームとしての学校」像 （出所：文部科学省ホームページ）

等が自らの専門性を発揮できるような連携、分担の体制を整備する。

②学校のマネジメント機能の強化

　教職員や専門スタッフ等の多職種で組織される学校がチームとして機能するよう管理職のリーダーシップや学校のマネジメントの在り方等について検討を行い、校長がリーダーシップを発揮できるような体制の整備や、学校内の分掌や委員会等の活動を調整して、学校の教育目標の下に学校全体を動かしていく機能の強化等を進める。

③教職員一人一人が力を発揮できる環境の整備

　教職員や専門能力スタッフ等の多職種で組織される学校において、教職員一人一人が力を発揮するだけでなく能力を更に伸ばしていけるよう、学校の組織文化も含めて検討し、人材育成や業務改善等の取組を進める。

④地域や家庭との連携・協働

　子供の成長を支える学校や家庭、地域との連携・協働による教育活動を充実していくことが重要である。そのチャンネルの一つがPTA活動であり、運用等の適正化を図ることにより学校の身近な応援団として期待できる。また、青少年団体、スポーツ団体や福祉団体など地域で活動している諸団体は、各種の集団活動を通じて子供たちに社会性、協調性や積極性を養うための活動等に取り組んでいるため、教育委員会や学校は、これらと連携・協働し子供たちの様々な活動を充実していくことが求められている。

Ⅱ　コミュニティ・スクール（学校運営協議会制度）

1．コミュニティ・スクールとは

　コミュニティ・スクール（Community School）とは、保護者や地域のニーズを反映させるため、地域住民が学校運営に参画できるようにする仕組や考え方を有する学校形態のひとつである。学校に、学校評議会（school council）、学校理事会（school governing body）などの組織を設置して、地域住民

が学校の管理・運営などについて審議・提言を行い学校の改善を推進していくものである。その組織の名称や権限については、国、地域や時代によって異なる。

　学校評議会等の構成員は、保護者代表、地域住民代表、学識経験者、教員代表、校長などであり、学校評議会等が学校改善の計画・予算・時間割編成・教育方針・学校施設などについて議決権を持つ事例や、校長を雇用・解雇する人事的権限を持つ事例がある。

２．日本におけるコミュニティ・スクールの導入

　日本においては、学校教育法によって学校の設置者が学校を管理し、法令上特別に定める場合を除いて学校経費を負担する（学校教育法第５条）ため、コミュニティ・スクールの設置については、学校の設置者が当該学校を管理する上で必要とされる範囲内で行われる。

　2004（平成16）年の地方教育行政の組織及び運営に関する法律が改正されたことによって、学校を管理する教育委員会の判断で公立学校の学校運営に関する協議機関である学校運営協議会を個別に設置することが可能となった。この学校運営協議会を設置した公立学校を「コミュニティ・スクール」、「地域運営学校」と一般的に呼んでいる。

　文部科学省は2012（平成24）年７月、学校運営の改善の在り方等に関する調査研究協力者会議報告書「子どもの豊かな学びを創造し、地域の絆をつなぐ～地域とともにある学校づくりの推進方策～」を受けて、コミュニティ・スクールの推進・普及に努めている。2011（平成23）年には民間組織である全国コミュニティ・スクール連絡協議会が発足した。2015（平成27）年には、教育再生実行会議がすべての公立小中学校に学校運営協議会を設置し、コミュニティ・スクールの普及を図るよう提言するに至った。

　2015（平成27）年12月に取りまとめられた中央教育審議会答申「新しい時代の教育と地方創生の実現に向けた学校と地域の連携・協働の在り方と今後

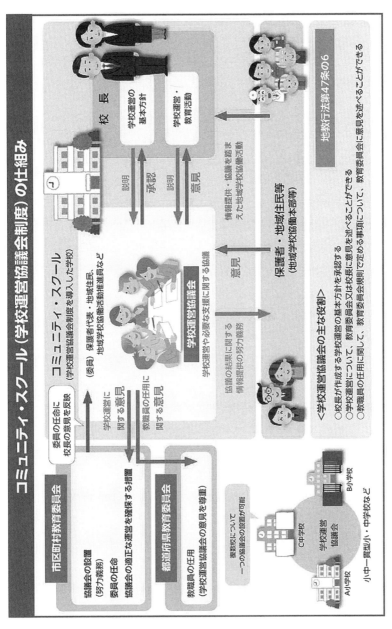

図11-4　コミュニティ・スクールの仕組み（出所：文部科学省ホームページ）

の推進方策について」を踏まえた地方教育行政の組織及び運営に関する法律の改正により、教育委員会がコミュニティ・スクールを導入することが努力義務とされた。

　コミュニティ・スクールは、学校と保護者や地域住民の建設的意見を学校運営に反映させることで、学校と地域社会が協働して子供たちの豊かな成長を支えるための仕組みで、以下に示す地方教育行政の組織及び運営に関する法律第47条の6に依拠する。

○地方教育行政の組織及び運営に関する法律　第47条の6

1. 教育委員会は、教育委員会規則で定めるところにより、その所管に属する学校ごとに、当該学校の運営及び当該運営への必要な支援に関して協議する機関として、学校運営協議会を置くように努めなければならない。ただし、二以上の学校の運営に関し相互に密接な連携を図る必要がある場合として文部科学省令で定める場合には、二以上の学校について一の学校運営協議会を置くことができる。

2. 学校運営協議会の委員は、次に掲げる者について、教育委員会が任命する。

　一　対象学校（当該学校運営協議会が、その運営及び当該運営への必要な支援に関して協議する学校をいう。以下この条において同じ。）の所在する地域の住民

　二　対象学校に在籍する生徒、児童又は幼児の保護者

　三　社会教育法（昭和二十四年法律第二百七号）第九条の七第一項に規定する地域学校協働活動推進員その他の対象学校の運営に資する活動を行う者

　四　その他当該教育委員会が必要と認める者

3. 対象学校の校長は、前項の委員の任命に関する意見を教育委員会に申し出ることができる。

4．対象学校の校長は、当該対象学校の運営に関して、教育課程の編成その他教育委員会規則で定める事項について基本的な方針を作成し、当該対象学校の学校運営協議会の承認を得なければならない。

5．学校運営協議会は、前項に規定する基本的な方針に基づく対象学校の運営及び当該運営への必要な支援に関し、対象学校の所在する地域の住民、対象学校に在籍する生徒、児童又は幼児の保護者その他の関係者の理解を深めるとともに、対象学校とこれらの者との連携及び協力の推進に資するため、対象学校の運営及び当該運営への必要な支援に関する協議の結果に関する情報を積極的に提供するよう努めるものとする。

6．学校運営協議会は、対象学校の運営に関する事項（次項に規定する事項を除く。）について、教育委員会又は校長に対して、意見を述べることができる。

7．学校運営協議会は、対象学校の職員の採用その他の任用に関して教育委員会規則で定める事項について、当該職員の任命権者に対して意見を述べることができる。この場合において、当該職員が県費負担教職員（第五十五条第一項又は第六十一条第一項の規定により市町村委員会がその任用に関する事務を行う職員を除く。）であるときは、市町村委員会を経由するものとする。

8．対象学校の職員の任命権者は、当該職員の任用に当たっては、前項の規定により述べられた意見を尊重するものとする。

9．教育委員会は、学校運営協議会の運営が適正を欠くことにより、対象学校の運営に現に支障が生じ、又は生ずるおそれがあると認められる場合においては、当該学校運営協議会の適正な運営を確保するために必要な措置を講じなければならない。

10．学校運営協議会の委員の任免の手続及び任期、学校運営協議会の議事の手続その他学校運営協議会の運営に関し必要な事項については、教育委員会規則で定める。

コミュニティ・スクール（学校運営協議会制度）は、「開かれた学校」から学校と地域住民等が力を合わせて学校の運営に取り組むことが可能となる「地域とともにある学校」への転換を図るための有益な仕組みとして、学校運営に地域の声を積極的に生かし、地域と一体となって特色ある学校づくりを進めていくことが期待されている。

　学校運営協議会の主な機能は、校長が作成する学校運営の基本方針を承認すること、学校運営に関する意見を教育委員会又は校長に述べることができること、教職員の任用に関して教育委員会規則に定める事項に関して教育委員会に意見を述べることができること、の3点である。

Ⅲ　地域学校協働活動

1．地域学校協働活動とは

　地域の高齢者、成人、学生、保護者、PTA、NPO、民間企業、団体等の幅広い地域住民等の参画を得て、地域全体で子供たちの学びや成長を支えるとともに、「学校を核とした地域づくり」を目指して、地域と学校が相互にパートナーとして連携・協働して行う様々な活動が地域学校協働活動である。

　子供の成長を軸として地域と学校がパートナーとして連携・協働し、意見を出し合い学び合うことにより地域の将来を担う人材の育成を図るとともに地域住民のつながりを深め、自立した地域社会の基盤の構築・活性化を図る「学校を核とした地域づくり」を推進することで地域の創生につながっていくことが期待される。例として、子供たちが地域に出て行って郷土学習を行ったり、地域住民と共に地域課題を解決したり、地域の行事に参画して共に地域づくりに関わるといった活動が挙げられるように、従前より行われてきた学校と地域との協働活動をより組織化し充実することが望まれている。

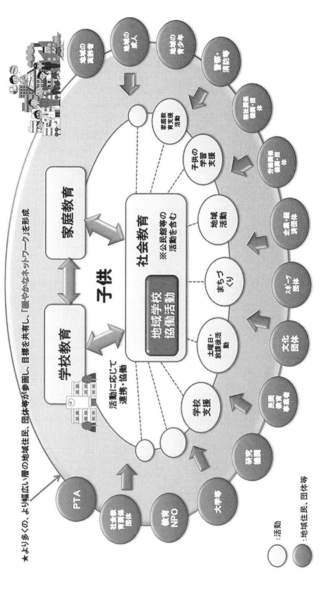

地域全体で未来を担う子供たちの成長を支える仕組み（活動概念図）

◎ 次代を担う子供に対して、どのような資質を育むのかという目標を共有し、地域社会と学校が協働。

◎ 従来の地縁団体だけではない、新しいつながりによる地域の教育力の向上・充実は、地域課題解決等に向けた連携・協働につながり、持続可能な地域社会の源となる。

★より多くの、より幅広い層の地域住民、団体等が参画し、目標を共有し、「緩やかなネットワーク」を形成

図11-5　地域学校協働活動の概念（出所：文部科学省ホームページ）

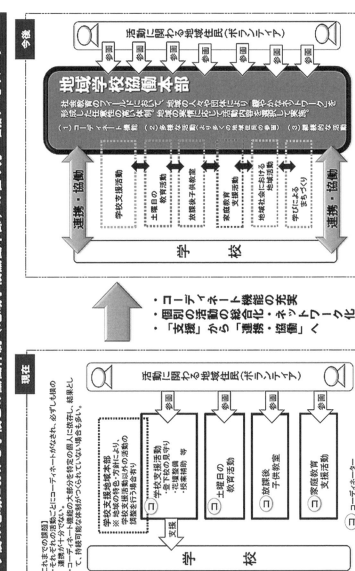

図 11-6　地域学校協働本部の在り方　(出所：文部科学省ホームページ)

表 11-1　学校・家庭・地域の連携・協働に関する文教行政の経緯

年	社会教育	学校教育	備考
昭和46 (1971)	社教審答申「急激な社会構造の変化に対処する社会教育のあり方について」		
昭和60-62 (1985-1987)	臨教審答申「教育改革に関する答申」（第1次～第4次）		
平成4 (1992)	生涯審答申「今後の社会の動向に対応した生涯学習の振興方策について」		「学社連携」→「学社融合」
平成8 (1996)	生涯審答申「地域における生涯学習機会の充実方策について」		
	中教審答申「21世紀を展望した我が国の教育の在り方について（第1次答申）」		
平成10 (1998)	生涯審答申「社会の変化に対応した今後の社会教育行政の在り方について」		
平成12 (2000)		学校教育法施行規則の改正	
平成16 (2004)		地方教育行政の組織及び運営に関する法律の改正	学校・家庭・地域の連携・協力
平成18 (2006)	教育基本法の改正		
平成19 (2007)		学校教育法の改正	
平成20 (2008)	社会教育法の改正		
平成23 (2011)		学校運営の改善の在り方等に関する調査研究協力者会議「子どもの豊かな学びを創造し、地域の絆をつなぐ～地域とともにある学校づくりの推進方策～」	
平成25 (2013)	中教審生涯学習分科会「第六期中央教育審議会生涯学習分科会における議論の整理」		
平成26 (2014)		教育再生実行会議「今後の学制等の在り方について（第五次提言）」	
平成27 (2015)		コミュニティ・スクールの推進等に関する調査研究協力者会議「コミュニティ・スクールを核とした地域とともにある学校づくりの一層の推進に向けて」	地域学校協働
	12月　　中央教育審議会の3答申		
	①新しい時代の教育や地方創生の実現に向けた学校と地域の連携・協働の在り方と今後の推進方策について		
	②チーム学校としての在り方と今後の改善方策について		
	③これからの学校教育を担う教員の資質能力の向上について～学びあい、高めあう教員育成コミュニティの構築に向けて～		

２．地域学校協働本部

　2015年12月の中央教育審議会答申や2016年１月の「次世代の学校・地域」創生プランを踏まえて2017（平成29）３月に社会教育法が改正された。それに伴い、地域全体で子供たちの成長を支え地域を創生する「地域学校協働活動」を実施する教育委員会において、地域住民等と学校との連携協力体制を整備することや、地域住民等と学校の情報共有や助言等を行う「地域学校協働活動推進員」の委嘱に関する規定が整備された。また各教育委員会がそれぞれの地域や学校の特色を生かして円滑かつ効果的な地域学校協働活動の推進に関する手引である「地域学校協働活動の推進に向けたガイドライン」も策定された。

【引用・参考文献】

加藤崇英編『「チーム学校」まるわかりガイドブック』教育開発研究所、2016年。

文部科学省『平成28年版科学技術白書』日経印刷、2016年。

稲井達也・伊東哲・吉田和夫編著『「社会に開かれた教育課程」を実現する学校づくり』学事出版、2018年。

山田智章「学校・家庭・地域の連携・協働に資する社会教育委員の役割〜地域学校協働活動を通して〜」平成30年度第２回社会教育委員研修会資料（於：茨城県水戸生涯学習センター）、2018年10月11日。

第12章　教職の専門性 —教師の教育力—

I　教職の捉え方

　教職をどう捉えるかという議論の代表的なものとして、教師聖職者論、教師労働者論、教師専門職論を挙げることができる。

1．教師聖職者論

　教師は天から与えられた尊い職（天職）であるという考え方である。戦前期の教員には「順良・信愛・威重」の気質を持つことが要求され、教育という崇高な使命に邁進すべきことや献身的な職務態度が期待された。経済的報酬に固執することなく清貧に甘んじてこそ「道」を説くことができるのであり、積極的に奉仕的な実践をする存在であることを理想とする。

2．教師労働者論

　教師も労働者として、自らの生活を充実・向上させる要求を持つことは当然であるという考え方である。1952（昭和27）年に日本教職員組合が示した「教師の倫理綱領」では労働者一般の倫理を示している。その後、1960年代における教員組合運動を基盤として広がりをみせるが、教員の大量採用時代を迎え「デモシカ先生」と呼ばれる先生が目立つようになってから教員の質が改めて問題視されるようになった。教師労働者論では、教師は賃金のために働く者という側面が強調されたので、人を教育し育てる仕事としての意味や使命感が相対的に弱められることとなった。そのため、教師は子どもの人格形成に携わる重要な職業だと考える人々から労働者論は批判されるように

なった。

3．教師専門職者論

　教職の専門性を考えるときに参考となるのが、国連教育科学文化機関（ユネスコ）の特別政府間会議で1966（昭和41）年に採択されたILO・ユネスコ「教員の地位に関する勧告」である。条約ではないので拘束力を持たないが、日本政府はこの勧告の採択に賛成している。本勧告では、教職を教師個人や教師集団が専門的知識や教育方法に関する研究を継続的に行い、その知識や方法によって子供の教育や福祉に責任を負う公共性の高い「専門職と見なされるべき」であるとした。これを実効的なものとするため、教師に自律性を与えることの重要性が指摘され、教師自身が専門性向上のための努力をすることが求められた。

　1996（平成8）年に開催されたユネスコ第45回国際教育会議で、いわゆる「教員の役割と地位に関する勧告」が採択された。この勧告は、「教員の地位に関する勧告」が行われてから30年を経ており、その間の状況変化から新たに要請される教師と学校の役割を認識し、教職の専門性に教育活動の調整者という機能を附加したことで、教職を今まで以上に高度な専門職として規定した。

Ⅱ　近代日本の教員養成

1．戦前期

（1）明治前期

　明治政府は1871（明治4）年に文部省を設置して全国の教育事務を掌握するとともに、学制を実施するにあたり小学校設置と師範学校設立による教員養成に着手した。学制が目指した小学校・中学校・大学校という三段階の学校制度構想によると、小学校だけで全国に53,760校も設置せねばならず、配

置する教員も膨大な数となる。それに対応すべく、学制発布前に「小学校教師教導場ヲ建立スルノ伺」を正院に提出し、早急に官立師範学校を創設すべきであるとした。この建議に基づき、初代校長に諸葛信澄、大学南校からスコット（Scott, M.M）を招聘した官立師範学校（1873年、東京師範学校に改称）が設立された。そこでは、アメリカの小学校を模した教室施設とアメリカで使用されていた教材等が用いられ、また授業法は生徒を成績により上等・下等に分け、教師が上等生を教え上等生が下等生に教えるという形態を採用した。そして、1874（明治7）年に女子師範学校、翌年には東京師範学校中学師範科が設置された。さらに官立師範学校が大阪、宮城、愛知、広島、長崎、新潟に設置されたが財政難により順次廃止され、官立は東京師範学校と女子師範学校を残すのみとなった。それに伴い、各府県が設置していた教員伝習所や教員養成所を師範学校に改称し、半年から1年程度の修業年限で教師を速成した。

　1880（明治13）年の改正教育令では、師範学校は各府県が設置することとなり、教員資格を師範学校卒業証書と府県知事が授与する免許状の二本立てとした。さらに1885（明治18）年の第3次教育令や翌年の小学校教員免許規則によって教員資格は免許主義を採用するようになり、1890（明治23）年から免許状は終身有効になった。

（2）森有礼文相と師範学校令

　森有礼初代文部大臣のもとで1886（明治19）年に師範学校令が発せられると、従前の府県立師範学校は尋常師範学校として全国的な教員養成制度に組み込まれ整備されていった。師範学校令第1条で師範学校は「教員トナルヘキモノヲ養成スル所」と規定し、「順良信愛威重ノ気質ヲ備」えた教員養成を行うことが明記された。順良とは目上には恭しく素直に従うこと、信愛とは教師同士が仲良く信頼すること、威重とは威厳を以て子供達に接することで、これら3気質を重視した人物教育を行っていく。

　師範学校は尋常と高等の2種類とし、高等師範学校は東京に1校を設置、

尋常師範学校は各府県に1校設置することとなった。それぞれの目的は、高等師範学校が尋常師範学校の校長と教員を養成すること、尋常師範学校が公立小学校の校長と教員することである。尋常師範学校における教育内容のうち、「教育」では知・徳・体育や教授の原理、学校の設置編制管理の方法、日本及び外国の教育史、各学科の教授法を学び実地授業を行った。なお、男女により時間配当等が異なっている。（表12-1）

（3）師範学校の展開

1897（明治30）年に師範教育令が公布され、高等師範学校が師範学校・尋

表 12-1 尋常師範学校授業時間配当表（明治19年）

	第1学年	第2学年	第3学年	第4学年	
倫　　理	1	1	1	1	
教　　育		2	8	4	28
国　　語	3	1			
漢　　文		2	2	2	
英　　語	5	4	3	3	
数　　学	4	3	3		
簿　　記				2	
地理歴史	3	3	3		
博　　物	2	2	2	3	
物理化学	2	2	2	3	
農業手工	2	2	2	6	
家　　事	5	5	4	5	
習字図画	4	4	1	2	
音　　楽	2	2	男　1 / 女　2	2 / 6	
体　　操	男　6 / 女　3	6 / 3	6 / 3	6 / 3	
	34	34	34	34	28

＊第4年期は学級を二分して、学業・実地授業を交互輪換する。
出所：「尋常師範学校ノ学科及其程度ヲ定ム」文部省令、1886年。

常中学校（1899年より中学校と呼称）・高等女学校の教員を、女子高等師範学校が師範学校女子部・高等女学校の教員を、そして師範学校（尋常師範学校を師範学校と改称）が小学校教員を養成することとなり、また従来の公費制を弾力化し私費による入学を認めたことで、師範学校数・師範学校生徒数がともに急増した。

　1907（明治40）年に師範学校規程が改正され、師範学校は従前の高等小学校卒業者が入学する本科第一部に加え、新たに中学校・高等女学校卒業者が入学する本科第二部が新設された。当初の第二部は男子が１年制、女子が１年または２年制で補充的なものであったが、1931（昭和６）年に修業年限が２年になり第一部と対等の地位に引き上げられた。よって、地方の特別な事情により第一部と第二部のどちらか一方を設置しなくてもよいこととなった。

（4）高等師範学校増設と臨時教員養成所設置

　中等学校教員の需要増に対応するため、高等師範学校の増設が行われた。1890年に東京師範学校から高等師範学校に改組されるに伴い女子高等師範学校が分離独立した。また、1902（明治35）年に広島高等師範学校、1908（明治41）年に奈良女子高等師範学校が増設された。その後、東京高等師範学校と広島高等師範学校は、1929（昭和４）年に大学令に依拠する東京文理科大学と広島文理科大学の創設によりその附属機関となった。

　中等学校教員の確保を目的とする臨時教員養成所は、1902（明治35）年から1906（明治39）年までに６つの臨時教員養成所が帝国大学をはじめとする文部省直轄校に設立されたが、応急措置のため東京女子高等師範学校内に設置された第六臨時教員養成所以外は漸次廃止された。大正期に入ると臨時教育会議答申による中等学校拡充政策により、再び高等師範学校や帝国大学などに臨時教員養成所が設置された。

（5）検定制度

　戦前期における小学校教員の主たる供給源は師範学校であったが、小学校教員免許状取得者全体に占める師範学校卒業者の割合は1930年代に至っても

３割程度に過ぎなかった。そのため、小学校教員検定試験が教員数確保方策の一つとして重要な役割を担った。

「文検」と略称された中等学校（師範学校・中学校・高等女学校）教員免許の検定試験も1884（明治17）年より制度化された。なお、1943（昭和18）年に師範学校が専門学校程度に昇格したため文検の規定から除かれた。

（6）師範学校の官立化

1935（昭和10）年に青年訓練所と実業補習学校を統合・充実させた青年学校が発足した。青年学校は、中等学校に進学しない男女青年の徳性涵養や職業教育などを行う無償の学校で、1939（昭和14）年から満12歳から19歳未満の男子は義務制となった。青年学校制度発足とともに青年学校教員養成所が新設された。

1943年の師範教育令の改正によって師範学校は官立に移管し、中等学校卒業者を入学要件とする３年制の（旧制）専門学校程度の学校に昇格した。その際、順良・信愛・威重という資質項目が外され、師範学校の目的を皇国の道に則り国民学校教員を錬成することとし、男女別であった師範学校を男子部・女子部としてまとめた。さらに1944（昭和19）年には青年学校教員養成所を母体として３年制の青年師範学校が創設された。男子部は職業科（農・工・商・水産）を、女子部は家庭科を主とする教育内容であった。

２．戦後期

（1）教員養成における「開放制」

1946（昭和21）年に設置された教育刷新委員会は、翌年施行される新学制における教員養成制度の在り方を建議した。これによって、教員養成は大学で行うものとされ、官立（国立）・私立・公立のいずれにおいても可能となり、さらに教員養成を目的としない学校でも教員養成が出来るよう改められた。いわゆる「開放制（オープン・システム）」である。開放制を導入したことにより、旧師範学校・青年師範学校を母体とする教員養成系大学・学部は

勿論のこと、それ以外の一般大学でも教員養成課程の設置が認められた場合に教員免許状が取得できることとなった。こうして都道府県に設置される国立総合大学には必ず学芸学部または教育学部を、単科大学とする場合には学芸大学を設置することとなった。昭和20年代には、教員養成大学・学部に2年制の教員養成課程を設置して小中学校教員不足に対応した。

（2）教員免許制度の展開と教員養成

　1949（昭和24）年に教育職員免許法が制定され、教諭の普通免許状は1級と2級に区分され、また教育長、校長、指導主事にも免許制が適用された。その後、1954（昭和29）年に教育長、校長、指導主事の免許制は廃止され、教諭の免許状取得に要する履修単位が増加したが、概ね教員養成制度は安定・充実期に入っていく。

　1966年から1967年にかけて、教員養成のために設けられた学芸大学・学芸学部はその殆どが教育大学・教育学部に改められ、また幼稚園教員養成課程を設置する傾向が見られるようになった。

　教員の待遇については必ずしもよいとは言えない状況が続いたので、昭和30年代中頃より昭和40年代にかけて慢性的な教員不足となり、他の職業に就けない大学生が最後にたどり着く人気のない職業という意味で「デモシカ教師（先生）」という揶揄の言葉が巷間で使われるようになった。政府はこの状況を憂慮し、1971（昭和46）年の「国立及び公立の義務教育諸学校等の教育職員の給与等に関する特別措置法」により基本給の一律4％の教職調整額が支給されるようになり、1974（昭和49）年には学校教育の水準を維持向上するため「学校教育の水準の維持向上のための義務教育諸学校の教育職員の人材確保に関する特別措置法」（人材確保法）を制定し、公立小中学校教員の給与を一般公務員より高く設定するなど、教員待遇の改善が図られた。このような施策により昭和40年代末から、中・高校教員の志望者が大きく増加するだけでなく小学校教員への人気も高まりをみせ、小学校から高等学校の教員供給が需要を大きく上回るようになっていく。

教職の需給関係が変化していく社会的背景の下で、教員の専門性確保と実践的指導力向上のため、1988（昭和63）年に教育公務員特例法が改正され教員採用後1年間の初任者研修が義務づけられたほか、教育職員免許法が改正され大胆な教員免許制の改革がなされた。

　まず、教育職員免許法制定時以来の教諭の普通免許における1級・2級という区分を、大学院修士課程修了者（修士）は「専修」免許状、大学卒業者（学士）は「1種」免許状、短期大学卒業者（準学士、短期大学士）は「2種」免許状という学歴別の区分とした。なお、高等学校に2種免許状（短期大学卒業が要件）は設けられていない。（表12-2）

　次に、教職課程の履修単位数を増加して免許基準の引き上げを図った。教科に関する科目と教職に関する科目の最低履修単位数が全ての校種で増やされており、教員免許状取得のハードルが高くなっている。

　そのほか、学校教員に関して「社会人の活用」が必要であるとの観点から、教科の一部について教員免許状を有しない者を充てることができる特別非常勤講師制度が導入された。

Ⅲ　教員養成・研修制度の展開

　教師の資質・能力の向上は、教員養成を行う上で常に意識されながら今日に至る。

表12-2　1988（昭和63）年　教育職員免許法改正による免許グレード

	旧免許状	旧免許状基礎資格	新免許状	新免許状基礎資格
小学校教諭、中学校教諭、盲・聾・養護学校教諭（現：特別支援学校教諭）、幼稚園教諭、養護教諭	－	－	専修免許状	大学院修士課程修了
	1級免許状	大学卒業	1種免許状	大学卒業
	2級免許状	短期大学卒業	2種免許状	短期大学卒業
高等学校教諭	1級免許状	大学院修士課程修了	専修免許状	大学院修士課程修了
	2級免許状	大学卒業	1種免許状	大学卒業

　例えば、1987（昭和62）年の教育職員養成審議会答申「教員の資質能力の向上方策について」において、①教育者としての使命感、②人間の成長発達についての深い理解、③幼児・児童・生徒に対する教育的愛情、④教科等に関する専門知識、⑤広く豊かな教養、⑥これらを基盤とした実践的指導力、の諸点を示した。以上を整理すれば、教師の「資質」は使命感や愛情といった人格的側面を指し、教師の「能力」は専門的知識や実践的指導力といった専門的・技術的側面を指すと考えてよい。

　その後、2005（平成17）年の中央教育審議会答申「新しい時代の義務教育を創造する」では、優れた教師の条件として、①教職に対する強い情熱、②子ども理解、児童・生徒指導力、集団指導の力、学級づくりの力、学習指導・授業づくりの力、教材解釈の力など、③総合的な人間力、を掲げているが、本答申では特に教師の社会性といった人間力を求めた。

１．教職課程の充実

　2006（平成18）年の中央教育審議会答申「今後の教員養成・免許制度の在り方について」を受けて、教職課程に「教職実践演習」が新設され2010（平成22）年度入学生から適用されている。教職実践演習では、使命感や教育的愛情等・社会性やコミュニケーションスキル・子供理解と学級経営など・教科や保育内容等の指導力という４事項について取り上げ、役割演技・グループ討議・事例研究・現地調査・模擬授業等の方法によりこの演習の充実を図ろうとする。

　2015（平成27）年の中央教育審議会答申「これからの学校教育を担う教員の資質能力の向上について」を受け、大学の創意工夫により質の高い教職課程を編成することができるようになったことで、2019（令和１）年度から教職課程において修得すべき内容等が改められた。教育職員免許法上の科目区分において、普通免許状は、①教科及び教科の指導法に関する科目、②教育の基礎的理解に関する科目、③道徳・総合的な学習の時間等の指導法及び生

徒指導・教育相談等に関する科目、④教育実践に関する科目、⑤大学が独自に設定する科目、に大括り化した。また、教職課程の履修事項として、特別の支援を必要とする幼児・児童及び生徒に対する理解、総合的な学習の時間の指導法を新設するほか、情報機器及び教材の活用、チーム学校運営への対応、学校と地域との連携、学校安全への対応、カリキュラム・マネジメント、キャリア教育をその内容に追加している。

2．教員採用の動向

　教育採用試験に関しては、教員採用試験倍率の低落傾向が見られるなか、各都道府県教育委員会の優秀な人材の確保を目指した創意・工夫がなされている。

　従来の教員採用試験は、筆記試験（一般・教職教養分野、専門教科に関する分野、小論文等）と面接・実技（小学校では「水泳」と音楽での「弾き歌い」が一般的）という構成で行うことが通例であった。しかし、教職への適性を見極めようとして実技試験の多様化、面接試験における集団面接や討論のほか、模擬授業や場面指導といった即戦力を評価しようとする観点を加える傾向が見られるようになった。さらに各都道府県教育委員会では有意な人材確保のため、「教師塾」・「師範塾」などと銘打った大学生用のプログラムを用意し、大学での教員養成に教育委員会が加わることで、教員養成・教員採用・教員研修の一体化を促進しようとする。

3．大学・大学院における教員養成の展開

（1）教員養成のための大学院設置と新構想大学の創設

　従来の大学院は研究者養成を目的としていたが、1963（昭和38）年の中央教育審議会答申では研究能力の高い職業人を養成する修士課程の設置が提言された。それに基づき1966年に東京学芸大学に大学院修士課程が設置されて以降、陸続として各教育大学・学部に大学院修士課程が設置されていく。ま

た、教員大学院大学構想による兵庫教育大学（1978年）、上越教育大学（1978年）、鳴門教育大学（1981年）が開学した。

（2）教職大学院

　2003（平成15）年の学校教育法改正により、高度専門職業人の養成を目的とした専門職大学院が設置できるようになった。教職大学院は専門職大学院の一形態として2008（平成20）年から設置されるようになった。その設置目的は、教員としての基礎的・基本的な資質能力を持った学部卒業者を対象とした実践的指導力を備えた新人教員の養成と、一定の教職経験を持った現職教員を対象とした学校・地域における指導的役割を果たせる中核的中堅教員の養成にある。実務家養成が目的なので、現職教員が修学できるように昼夜開講制・夜間大学院といった形態も想定されている。この課程を修了すると「教職修士（専門職）」の学位が与えられる。

４．教員免許更新制

　教員免許更新制は、教員として必要な資質能力を保持すべく定期的に最新の知識技能を身に付けることで、教員が自信と誇りを持って教壇に立ち社会の尊敬と信頼を得るようにするため、2009（平成21）年度より導入された。

　2009年度以降に授与された免許状（新免許状）には10年間の有効期間が定められ「有効期間の満了の日」が記載されている。2009度より前の免許状（旧免許状）には有効期限が定められていないが、生年月日により「修了確認期限」が設けられた。よって、免許状の効力を保持するためには10年ごとに教員免許状更新講習の受講が必須となった。但し、更新講習受講対象者は優秀教員表彰者・教員を指導する立場にある者を除き、現職教員・採用内定者・実習助手などである。

　その内容は、全ての受講者が受講する領域である「必修領域」、受講者が所有する免許状の種類や教育職員経験などに応じて選択受講する「選択必修領域」、受講者が任意に選択して受講する「選択領域」に区分されている。

5．研修

　教育公務員特例法第22条は教師の研修に関する規定である。まず教育公務員には研修を受ける機会が与えられなければならないこと、次に教員は授業に支障のない限り本属長の承認を受けて勤務場所を離れて研修を行うことができること、そして教育公務員は任命権者の定めるところにより現職のままで長期にわたる研修を受けることができること、が明記された。

　教員の研修形態については、職務研修としての行政研修、勤務校で行われる校内研修、職務専念義務を免除されて参加する研修（職専免）、そして勤務時間外に教員が主体的に行う自主研修といった形態がある。

（1）職務研修（行政研修・命令研修）

　職務研修は行政研修や命令研修とも呼ばれる。都道府県・市町村教育委員会や教育センター等が主催するもので、参加者は職務として研修を受けることとなる。校長・教頭を対象とする管理職研修、各種主任のための主任研修、初任者を対象とした初任者研修、中堅教諭等資質向上研修、教員経験年数に対応した教職経験者研修、教科ごとに行われる専門研修、特定の課題を設定して行われる課題研修などのプログラムが用意されている。さらに、教師を民間企業や役所に派遣する社会体験研修や、大学院修士課程や教職大学院を活用する長期派遣研修が全国的に普及している。

（2）初任者研修

　職務研修のひとつである初任者研修は、1986（昭和61）年の臨時教育審議会における教育改革に関する第2次答申により制度化された。新任教員に対して採用後1年間、校内の指導教員による指導により職場内で行われる（OJT）ほか、教育センター等の研修講座、他校種の学校、社会教育施設の参観、野外教育活動などの校外研修を併用して進められる。これによって初任者は、校内だけでなく校外で行われる研修を受けながら自らの資質能力を高めていくことが求められているのである。

　教育公務員特例法一部改正により、1988年度より1年間という研修期間に

合わせて教員の条件附採用期間を6か月から1年に延長された。また、2017
（平成29）年の教育職員免許法改正により初任者研修対象に臨時的任用教員
を除くことが明記された。

（3）校内研修

　全教職員が学校の教育目標を達成していくために設定された研究課題に対
して教育実践を通じて意図的・計画的に取り組む研修であり、「校内研究」
とも言われる。

　その形態は、全教師が参加する校内研究全体会、特定課題を考究する部会
及び分科会、教科単位に行われる教科会、指導技術に関する実技研修、学年
単位の学年会、日常の職務遂行を通じた研修（OJT）などがある。

（4）職務専念義務免除による研修

　職務専念義務を免除され、勤務場所以外で行う研修である。夏季休業中等
に勤務校以外の場所で行う研修や、民間団体や企業等が主催する研修に参加
する場合などが該当する。「本属長の承認を受けて、勤務場所を離れて研修
を行うことができる」（教育公務員特例法第22条第2項）と定められているの
で、「本属長」である校長の承認を要する。なお、勤務時間内に任意に行わ
れる研修という性格なので、諸費用は参加者負担であり出張扱いにはならな
い。

（5）自主研修

　教員が勤務時間外において任意に行う研修で、民間団体・企業・大学等が
行う研修への参加や、個人で任意に行う研究活動が該当する。義務として行
う研修ではないので、教員間の研修量に大きな差が生じることとなる。

【引用・参考文献】
　文部省編『学制百年史』帝国地方行政学会、1972年。
　三好信浩『日本師範教育史の構造』東洋館出版、1991年。
　寺﨑昌男編『文検の研究』学文社、1997年。

山﨑英則・西村正登編著『求められる教師像と教員養成―教職原論―』ミネルヴァ
　書房、2001年。
釜田史『秋田県小学校教員養成史研究序説』学文社、2012年。
秋田喜代美・佐藤学編著『新しい時代の教職入門』改訂版、有斐閣アルマ、2015年。
佐藤春雄『教職概論』第5次改訂版、学陽書房、2018年。

学校教育関連資料

学事奨励ニ関スル被仰出書 ［学制序文］

（明治5年8月2日　太政官布告第214号）

　人々自ラ其身ヲ立テ其産ヲ治メ其業ヲ昌ニシテ以テ其生ヲ遂ル所以ノモノ
ハ他ナシ身ヲ脩メ智ヲ開キ才藝ヲ長スルニヨルナリ而テ其身ヲ脩メ智ヲ開キ
才藝ヲ長スルハ學ニアラサレハ能ハス是レ學校ノ設アル所以ニシテ日用常行
言語書算ヲ初メ士官農商百工技藝及ヒ法律政治天文醫療等ニ至ル迄凡人ノ營
ムトコロノ事學アラサルハナシ人能ク其才ノアル所ニ應シ勉勵シテ之ニ從事
シ而シテ後初テ生ヲ治メ産ヲ興シ業ヲ昌ニスルヲ得ヘシサレハ學問ハ身ヲ立
ルノ財本共云ヘキ者ニシテ人タルモノ誰カ學ハスシテ可ナランヤ夫ノ道路ニ
迷ヒ飢餓ニ陥リ家ヲ破リ身ヲ喪ノ徒ノ如キハ畢竟不學ヨリシテカヽル過チヲ
生スルナリ從來學校ノ設アリテヨリ年ヲ歴ルコト久シト雖トモ或ハ其道ヲ得
サルヨリシテ人其方向ヲ誤リ學問ハ士人以上ノ事トシ農工商及ヒ婦女子ニ至
ツテハ之ヲ度外ニヲキ學問ノ何物タルヲ辨セス又士人以上ノ稀ニ學フ者モ動
モスレハ國家ノ爲ニスト唱ヘ身ヲ立ルノ基タルヲ知ラスシテ或ハ詞章記誦ノ
末ニ趨リ空理虚談ノ途ニ陥リ其論高尚ニ似タリト雖トモ之ヲ身ニ行ヒ事ニ施
スコト能ハサルモノ少カラス是即チ沿襲ノ習弊ニシテ文明普ネカラス才藝ノ
長セスシテ貧乏破産喪家ノ徒多キ所以ナリ是故ニ人タルモノハ學ハスンハ有
ヘカラス之ヲ學フニハ宜シク其旨ヲ誤ルヘカラス之ニ依テ今般文部省ニ於テ
學制ヲ定メ追々教則ヲモ改正シ布告ニ及フヘキニツキ自今以後一般ノ人民華
士族卒農工商及婦女子必ス邑ニ不學ノ戸ナク家ニ不學ノ人ナカラシメン事ヲ
期ス人ノ父兄タル者宜シク此意ヲ體認シ其愛育ノ情ヲ厚クシ其子弟ヲシテ必
ス學ニ從事セシメサルヘカラサルモノナリ高上ノ學ニ至テハ其人ノ材能ニ任
カスト雖トモ幼童ノ子弟ハ男女ノ別ナク小學ニ從事セシメサルモノハ其父兄
ノ越度タルヘキ事

　但從來沿襲ノ弊學問ハ士人以上ノ事トシ國家ノ爲ニスト唱フルヲ以テ學費
及其衣食ノ用ニ至ル迄多ク官ニ依頼シ之ヲ給スルニ非サレハ學ハサル事ト思
ヒ一生ヲ自棄スルモノ少カラス是皆惑ヘルノ甚シキモノナリ自今以後此等ノ
弊ヲ改メ一般ノ人民他事ヲ抛チ自ラ奮テ必ス學ニ從事セシムヘキ様心得ヘキ

事
　右之通被　仰出候條地方官ニ於テ邊隅小民ニ至ル迄不洩様便宜解譯ヲ加ヘ精細申諭文部省規則ニ隨ヒ學問普及致候様方法ヲ設可施行事
　　　　　　　　　明治五年壬申七月　　　　　　　　太　政　官

教育ニ関スル勅語　　(明治23年10月30日)

　朕惟フニ我カ皇祖皇宗國ヲ肇ムルコト宏遠ニ徳ヲ樹ツルコト深厚ナリ我カ臣民克ク忠ニ克ク孝ニ億兆心ヲ一ニシテ世々厥ノ美ヲ済セルハ此レ我カ國體ノ精華ニシテ教育ノ淵源亦實ニ此ニ存ス爾臣民父母ニ孝ニ兄弟ニ友ニ夫婦相和シ朋友相信シ恭儉己レヲ持シ博愛衆ニ及ホシ学ヲ修メ業ヲ習ヒ以テ智能ヲ啓發シ徳器ヲ成就シ進テ公益ヲ廣メ世務ヲ開キ常ニ國憲ヲ重シ國法ニ遵ヒ一旦緩急アレハ義勇公ニ奉シ以テ天壤無窮ノ皇運ヲ扶翼スヘシ是ノ如キハ獨リ朕カ忠良ノ臣民タルノミナラス又以テ爾祖先ノ遺風ヲ顯彰スルニ足ラン
　斯ノ道ハ實ニ我カ皇祖皇宗ノ遺訓ニシテ子孫臣民ノ倶ニ遵守スヘキ所之ヲ古今ニ通シテ謬ラス之ヲ中外ニ施シテ悖ラス朕爾臣民ト倶ニ拳々服膺シテ咸其徳ヲ一ニセンコトヲ庶幾フ

日本国憲法（抄）　　(昭和21年11月3日公布　昭和22年5月3日実施)

　日本国民は、正当に選挙された国会における代表者を通じて行動し、われらとわれらの子孫のために、諸国民との協和による成果と、わが国全土にわたつて自由のもたらす恵沢を確保し、政府の行為によつて再び戦争の惨禍が起ることのないやうにすることを決意し、ここに主権が国民に存することを宣言し、この憲法を確定する。そもそも国政は、国民の厳粛な信託によるものであつて、その権威は国民に由来し、その権力は国民の代表者がこれを行

使し、その福利は国民がこれを享受する。これは人類普遍の原理であり、この憲法は、かかる原理に基くものである。われらは、これに反する一切の憲法、法令及び詔勅を排除する。

　日本国民は、恒久の平和を念願し、人間相互の関係を支配する崇高な理想を深く自覚するのであつて、平和を愛する諸国民の公正と信義に信頼して、われらの安全と生存を保持しようと決意した。われらは、平和を維持し、専制と隷従、圧迫と偏狭を地上から永遠に除去しようと努めてゐる国際社会において、名誉ある地位を占めたいと思ふ。われらは、全世界の国民が、ひとしく恐怖と欠乏から免かれ、平和のうちに生存する権利を有することを確認する。

　われらは、いづれの国家も、自国のことのみに専念して他国を無視してはならないのであつて、政治道徳の法則は、普遍的なものであり、この法則に従ふことは、自国の主権を維持し、他国と対等関係に立たうとする各国の責務であると信ずる。

　日本国民は、国家の名誉にかけ、全力をあげてこの崇高な理想と目的を達成することを誓ふ。

第一条　（天皇の地位・国民主権）
　天皇は、日本国の象徴であり日本国民統合の象徴であつて、この地位は、主権の存する日本国民の総意に基く。

第九条　（戦争の放棄）
　日本国民は、正義と秩序を基調とする国際平和を誠実に希求し、国権の発動たる戦争と、武力による威嚇又は武力の行使は、国際紛争を解決する手段としては、永久にこれを放棄する。

二　前項の目的を達するため、陸海空軍その他の戦力は、これを保持しない。国の交戦権は、これを認めない。

第十三条　（個人の尊重と公共の福祉）
　すべて国民は、個人として尊重される。生命、自由及び幸福追求に対する国民の権利については、公共の福祉に反しない限り、立法その他の国政の上で、最大の尊重を必要とする。

第十四条 （法の下の平等、貴族の禁止、栄典）

　すべて国民は、法の下に平等であつて、人種、信条、性別、社会的身分又は門地により、政治的、経済的又は社会的関係において、差別されない。

二　華族その他の貴族の制度は、これを認めない。

三　栄誉、勲章その他の栄典の授与は、いかなる特権も伴はない。栄典の授与は、現にこれを有し、又は将来これを受ける者の一代に限り、その効力を有する。

第二十条 （信教の自由）

　信教の自由は、何人に対してもこれを保障する。いかなる宗教団体も、国から特権を受け、又は政治上の権力を行使してはならない。

二　何人も、宗教上の行為、祝典、儀式又は行事に参加することを強制されない。

三　国及びその機関は、宗教教育その他いかなる宗教的活動もしてはならない。

第二十三条 （学問の自由）

　学問の自由は、これを保障する。

第二十六条 （教育を受ける権利、義務教育）

　すべて国民は、法律の定めるところにより、その能力に応じて、ひとしく教育を受ける権利を有する。

二　すべて国民は、法律の定めるところにより、その保護する子女に普通教育を受けさせる義務を負ふ。義務教育は、これを無償とする。

第九十七条 （基本的人権の本質）

　この憲法が日本国民に保障する基本的人権は、人類の多年にわたる自由獲得の努力の成果であつて、これらの権利は、過去幾多の試錬に堪へ、現在及び将来の国民に対し、侵すことのできない永久の権利として信託されたものである。

教育基本法　（昭和22年3月31日　法律第25号）

　われらは、さきに、日本国憲法を確定し、民主的で文化的な国家を建設して、世界の平和と人類の福祉に貢献しようとする決意を示した。この理想の実現は、根本において教育の力にまつべきものである。

　われらは、個人の尊厳を重んじ、真理と平和を希求する人間の育成を期するとともに、普遍的にしてしかも個性ゆたかな文化の創造をめざす教育を普及徹底しなければならない。

　ここに、日本国憲法の精神に則り、教育の目的を明示して、新しい日本の教育の基本を確立するため、この法律を制定する。

第一条　（教育の目的）

　教育は、人格の完成をめざし、平和的な国家及び社会の形成者として、真理と正義を愛し、個人の価値をたつとび、勤労と責任を重んじ、自主的精神に充ちた心身ともに健康な国民の育成を期して行われなければならない。

第二条　（教育の方針）

　教育の目的は、あらゆる機会に、あらゆる場所において実現されなければならない。この目的を達成するためには、学問の自由を尊重し、実際生活に即し、自発的精神を養い、自他の敬愛と協力によつて、文化の創造と発展に貢献するように努めなければならない。

第三条　（教育の機会均等）

　すべて国民は、ひとしく、その能力に応ずる教育を受ける機会を与えられなければならないものであつて、人種、信条、性別、社会的身分、経済的地位又は門地によつて、教育上差別されない。

二　国及び地方公共団体は、能力があるにもかかわらず、経済的理由によつて修学困難な者に対して、奨学の方法を講じなければならない。

第四条　（義務教育）

　国民は、その保護する子女に、九年の普通教育を受けさせる義務を負う。

二　国又は地方公共団体の設置する学校における義務教育については、授業

料は、これを徴収しない。

第五条（男女共学）

　男女は、互に敬重し、協力し合わなければならないものであつて、教育上男女の共学は、認められなければならない。

第六条（学校教育）

　法律に定める学校は、公の性質をもつものであつて、国又は地方公共団体の外、法律に定める法人のみが、これを設置することができる。

二　法律に定める学校の教員は、全体の奉仕者であつて、自己の使命を自覚し、その職責の遂行に努めなければならない。このためには、教員の身分は、尊重され、その待遇の適正が、期せられなければならない。

第七条（社会教育）

　家庭教育及び勤労の場所その他社会において行われる教育は、国及び地方公共団体によつて奨励されなければならない。

二　国及び地方公共団体は、図書館、博物館、公民館等の施設の設置、学校の施設の利用その他適当な方法によつて教育の目的の実現に努めなければならない。

第八条（政治教育）

　良識ある公民たるに必要な政治的教養は、教育上これを尊重しなければならない。

二　法律に定める学校は、特定の政党を支持し、又はこれに反対するための政治教育その他政治的活動をしてはならない。

第九条（宗教教育）

　宗教に関する寛容の態度及び宗教の社会生活における地位は、教育上これを尊重しなければならない。二　国及び地方公共団体が設置する学校は、特定の宗教のための宗教教育その他宗教的活動をしてはならない。

第十条（教育行政）

　教育は、不当な支配に服することなく、国民全体に対し直接に責任を負つて行われるべきものである。二　教育行政は、この自覚のもとに、教育の目的を遂行するに必要な諸条件の整備確立を目標として行われなければならない。

第十一条（補則）

　この法律に掲げる諸条項を実施するために必要がある場合には、適当な法令が制定されなければならない。

　　　　　附　　則

　この法律は、公布の日から、これを施行する。

改正教育基本法　（平成18年12月22日　法律第120号）

　我々日本国民は、たゆまぬ努力によって築いてきた民主的で文化的な国家を更に発展させるとともに、世界の平和と人類の福祉の向上に貢献することを願うものである。

　我々は、この理想を実現するため、個人の尊厳を重んじ、真理と正義を希求し、公共の精神を尊び、豊かな人間性と創造性を備えた人間の育成を期するとともに、伝統を継承し、新しい文化の創造を目指す教育を推進する。

　ここに、我々は、日本国憲法の精神にのっとり、我が国の未来を切り拓く教育の基本を確立し、その振興を図るため、この法律を制定する。

第一章　教育の目的及び理念

第一条　（教育の目的）

　教育は、人格の完成を目指し、平和で民主的な国家及び社会の形成者として必要な資質を備えた心身ともに健康な国民の育成を期して行われなければならない。

第二条　（教育の目標）

　教育は、その目的を実現するため、学問の自由を尊重しつつ、次に掲げる目標を達成するよう行われるものとする。

　一　幅広い知識と教養を身に付け、真理を求める態度を養い、豊かな情操と道徳心を培うとともに、健やかな身体を養うこと。

　二　個人の価値を尊重して、その能力を伸ばし、創造性を培い、自主及び

自律の精神を養うとともに、職業及び生活との関連を重視し、勤労を重んずる態度を養うこと。

三　正義と責任、男女の平等、自他の敬愛と協力を重んずるとともに、公共の精神に基づき、主体的に社会の形成に参画し、その発展に寄与する態度を養うこと。

四　生命を尊び、自然を大切にし、環境の保全に寄与する態度を養うこと。

五　伝統と文化を尊重し、それらをはぐくんできた我が国と郷土を愛するとともに、他国を尊重し、国際社会の平和と発展に寄与する態度を養うこと。

第三条　（生涯学習の理念）

　国民一人一人が、自己の人格を磨き、豊かな人生を送ることができるよう、その生涯にわたって、あらゆる機会に、あらゆる場所において学習することができ、その成果を適切に生かすことのできる社会の実現が図られなければならない。

第四条　（教育の機会均等）

一　すべて国民は、ひとしく、その能力に応じた教育を受ける機会を与えられなければならず、人種、信条、性別、社会的身分、経済的地位又は門地によって、教育上差別されない。

二　国及び地方公共団体は、障害のある者が、その障害の状態に応じ、十分な教育を受けられるよう、教育上必要な支援を講じなければならない。

三　国及び地方公共団体は、能力があるにもかかわらず、経済的理由によって修学が困難な者に対して、奨学の措置を講じなければならない。

第二章　教育の実施に関する基本

第五条　（義務教育）

一　国民は、その保護する子に、別に法律で定めるところにより、普通教育を受けさせる義務を負う。

二　義務教育として行われる普通教育は、各個人の有する能力を伸ばしつつ社会において自立的に生きる基礎を培い、また、国家及び社会の形成者として必要とされる基本的な資質を養うことを目的として行われるも

のとする。

　三　国及び地方公共団体は、義務教育の機会を保障し、その水準を確保するため、適切な役割分担及び相互の協力の下、その実施に責任を負う。

　四　国又は地方公共団体の設置する学校における義務教育については、授業料を徴収しない。

第六条　（学校教育）

　一　法律に定める学校は、公の性質を有するものであって、国、地方公共団体及び法律に定める法人のみが、これを設置することができる。

　二　前項の学校においては、教育の目標が達成されるよう、教育を受ける者の心身の発達に応じて、体系的な教育が組織的に行われなければならない。この場合において、教育を受ける者が、学校生活を営む上で必要な規律を重んずるとともに、自ら進んで学習に取り組む意欲を高めることを重視して行われなければならない。

第七条　（大学）

　一　大学は、学術の中心として、高い教養と専門的能力を培うとともに、深く真理を探究して新たな知見を創造し、これらの成果を広く社会に提供することにより、社会の発展に寄与するものとする。

　二　大学については、自主性、自律性その他の大学における教育及び研究の特性が尊重されなければならない。

第八条　（私立学校）

　私立学校の有する公の性質及び学校教育において果たす重要な役割にかんがみ、国及び地方公共団体は、その自主性を尊重しつつ、助成その他の適当な方法によって私立学校教育の振興に努めなければならない。

第九条　（教員）

　一　法律に定める学校の教員は、自己の崇高な使命を深く自覚し、絶えず研究と修養に励み、その職　責の遂行に努めなければならない。

　二　前項の教員については、その使命と職責の重要性にかんがみ、その身分は尊重され、待遇の適正が期せられるとともに、養成と研修の充実が図られなければならない。

第十条　（家庭教育）

一　父母その他の保護者は、子の教育について第一義的責任を有するものであって、生活のために必要な習慣を身に付けさせるとともに、自立心を育成し、心身の調和のとれた発達を図るよう努めるものとする。

　二　国及び地方公共団体は、家庭教育の自主性を尊重しつつ、保護者に対する学習の機会及び情報の提供その他の家庭教育を支援するために必要な施策を講ずるよう努めなければならない。

第十一条　（幼児期の教育）

　幼児期の教育は、生涯にわたる人格形成の基礎を培う重要なものであることにかんがみ、国及び地方公共団体は、幼児の健やかな成長に資する良好な環境の整備その他適当な方法によって、その振興に努めなければならない。

第十二条　（社会教育）

　一　個人の要望や社会の要請にこたえ、社会において行われる教育は、国及び地方公共団体によって奨励されなければならない。

　二　国及び地方公共団体は、図書館、博物館、公民館その他の社会教育施設の設置、学校の施設の利用、学習の機会及び情報の提供その他の適当な方法によって社会教育の振興に努めなければならない。

第十三条　（学校、家庭及び地域住民等の相互の連携協力）

　学校、家庭及び地域住民その他の関係者は、教育におけるそれぞれの役割と責任を自覚するとともに、相互の連携及び協力に努めるものとする。

第十四条　（政治教育）

　一　良識ある公民として必要な政治的教養は、教育上尊重されなければならない。

　二　法律に定める学校は、特定の政党を支持し、又はこれに反対するための政治教育その他政治的活動をしてはならない。

第十五条　（宗教教育）

　一　宗教に関する寛容の態度、宗教に関する一般的な教養及び宗教の社会生活における地位は、教育上尊重されなければならない。

　二　国及び地方公共団体が設置する学校は、特定の宗教のための宗教教育その他宗教的活動をしてはならない。

第三章　教育行政

第十六条　（教育行政）

　　一　教育は、不当な支配に服することなく、この法律及び他の法律の定め
　　　るところにより行われるべきものであり、教育行政は、国と地方公共団
　　　体との適切な役割分担及び相互の協力の下、公正かつ適正に行われなけ
　　　ればならない。

　　二　国は、全国的な教育の機会均等と教育水準の維持向上を図るため、教
　　　育に関する施策を総合的に策定し、実施しなければならない。

　　三　地方公共団体は、その地域における教育の振興を図るため、その実情
　　　に応じた教育に関する施策を策定し、実施しなければならない。

　　四　国及び地方公共団体は、教育が円滑かつ継続的に実施されるよう、必
　　　要な財政上の措置を講じなければならない。

第十七条　（教育振興基本計画）

　　一　政府は、教育の振興に関する施策の総合的かつ計画的な推進を図るた
　　　め、教育の振興に関する施策についての基本的な方針及び講ずべき施策
　　　その他必要な事項について、基本的な計画を定め、これを国会に報告す
　　　るとともに、公表しなければならない。

　　二　地方公共団体は、前項の計画を参酌し、その地域の実情に応じ、当該
　　　地方公共団体における教育の振興のための施策に関する基本的な計画を
　　　定めるよう努めなければならない。

第四章　法令の制定

第十八条

　　この法律に規定する諸条項を実施するため、必要な法令が制定されなけれ
　ばならない。

教師の倫理綱領　（昭和27年　日本教職員組合決定）

一　教師は日本社会の課題にこたえて青少年とともに生きる
二　教師は機会均等のためにたたかう
三　教師は平和を守る
四　教師は科学的真理に立って行動する
五　教師は教育の自由の侵害を許さない
六　教師は正しい政治をもとめる
七　教師は親たちとともに社会の頽廃とたたかい、新しい文化をつくる
八　教師は労働者である
九　教師は生活権を守る
十　教師は団結する

教員の地位に関する勧告　（抜粋）

（1966年 9 月21日〜10月 5 日　ユネスコ特別政府間会議採択）

前　文
　教員の地位に関する特別政府間会議は、教育を受ける権利が基本的人権の一つであることを想起し、世界人権宣言の第26条、児童の権利宣言の第 5 原則、第 7 原則および第10原則および諸国民間の平和、相互の尊重と理解の精神を青少年の間に普及することに関する国連宣言を達成するうえで、すべての者に適正な教育を与えることが国家の責任であることを自覚し、不断の道徳的・文化的進歩および経済的・社会的発展に本質的な寄与をなすものとして、役立てうるすべての能力と知性を十分に活用するために、普通教育、技術教育および職業教育をより広範に普及させる必要を認め、教育の進歩における教員の不可欠な役割、ならびに人間の開発および現代社会の発展への彼らの貢献の重要性を認識し、教員がこの役割にふさわしい地位を享受することを

保障することに関心を持ち、異なった国々における教育のパターンおよび編成を決定する法令および慣習が非常に多岐にわたっていることを考慮し、かつ、それぞれの国で教育職員に適用される措置が、とくに公務に関する規制が教員にも適用されるかどうかによって非常に異なった種類のものが多く存在することを考慮に入れ、これらの相違にもかかわらず教員の地位に関してすべての国々で同じような問題が起こっており、かつ、これらの問題が、今回の勧告の作成の目的であるところの、一連の共通基準および措置の適用を必要としていることを確信し、教員に適用される現行国際諸条約、とくにILO総会で採択された結社の自由及び団結権保護条約（1948年）、団結権及び団体交渉権条約（1949年）、同一報酬条約（1951年）、差別待遇（雇用及び職業）条約（1958年）、および、ユネスコ総会で採択された教育の差別防止条約（1960年）等の基本的人権に関する諸条項に注目し、また、ユネスコおよび国際教育局が合同で召集した国際公教育会議で採択された初中等学校教員の養成と地位の諸側面に関する諸勧告、およびユネスコ総会で、1962年に採択された技術・職業教育に関する勧告にも注目し、教員にとくに関連する諸問題に関した諸規定によって現行諸基準を補足し、また、教員不足の問題を解決したいと願い、以下の勧告を採択した。

1　定義

1　本勧告の適用上、

(a) 「教員」（teacher）という語は、学校において生徒の教育に責任を持つすべての人々をいう。

(b) 教員に関して用いられる「地位」（status）という表現は、教員の職務の重要性およびその職務遂行能力の評価の程度によって示される社会的地位または尊敬、ならびに他の職業集団と比較して教員に与えられる労働条件、報酬その他の物質的給付等の双方を意味する。

2　範囲

2　本勧告は、公立・私立共に中等教育終了段階までの学校、すなわち、技術教育、職業教育および芸術教育を行なうものを含めて、保育園・幼稚園・初等および中間または中等学校のすべての教員に適用される。

3　指導的諸原則

3　教育は、その最初の学年から、人権および基本的自由に対する深い尊敬をうえつけることを目的とすると同時に、人間個性の全面的発達および共同社会の精神的、道徳的、社会的、文化的ならびに経済的な発展を目的とするものでなければならない。これらの諸価値の範囲の中で最も重要なものは、教育が平和の為に貢献をすること、およびすべての国民の間の、そして人種的、宗教的集団相互の間の理解と寛容と友情に対して貢献することである。

4　教育の進歩は、教育職員一般の資格と能力および個々の教員の人間的、教育学的、技術的資質に大いに依存するところが大きいことが認識されなければならない。

5　教員の地位は、教育の目的、目標に照らして評価される教育の必要性にみあったものでなければならない。教育の目的、目標を完全に実現する上で、教員の正当な地位および教育職に対する正当な社会的尊敬が、大きな重要性をもっているということが認識されなければならない。

6　教育の仕事は専門職とみなされるべきである。この職業は厳しい、継続的な研究を経て獲得され、維持される専門的知識および特別な技術を教員に要求する公共的業務の一種である。また、責任をもたされた生徒の教育および福祉に対して、個人的および共同の責任感を要求するものである。

7　教員の養成および雇用のすべての面にわたって、人種、皮膚の色、性別、宗教、政治的見解、国籍または門地もしくは経済的条件にもとづくいかなる形態の差別も行なわれてはならない。

8　教員の労働条件は、効果的な学習を最もよく促進し、教員がその職業的任務に専念することができるものでなければならない。

小学校学習指導要領（抄）　（平成29年3月31日　告示）

第1章　総則

第1　小学校教育の基本と教育課程の役割

1　各学校においては、教育基本法及び学校教育法その他の法令並びにこの章以下に示すところに従い、児童の人間として調和のとれた育成を目指し、児童の心身の発達の段階や特性及び学校や地域の実態を十分考慮して、適切な教育課程を編成するものとし、これらに掲げる目標を達成するよう教育を行うものとする。

2　学校の教育活動を進めるに当たっては、各学校において、第3の1に示す主体的・対話的で深い学びの実現に向けた授業改善を通して、創意工夫を生かした特色ある教育活動を展開する中で、次の(1)から(3)までに掲げる事項の実現を図り、児童に生きる力を育むことを目指すものとする。

(1)　基礎的・基本的な知識及び技能を確実に習得させ、これらを活用して課題を解決するために必要な思考力、判断力、表現力等を育むとともに、主体的に学習に取り組む態度を養い、個性を生かし多様な人々との協働を促す教育の充実に努めること。その際、児童の発達の段階を考慮して、児童の言語活動など、学習の基盤をつくる活動を充実するとともに、家庭との連携を図りながら、児童の学習習慣が確立するよう配慮すること。

(2)　道徳教育や体験活動、多様な表現や鑑賞の活動等を通して、豊かな心や創造性の涵養を目指した教育の充実に努めること。

　　学校における道徳教育は、特別の教科である道徳（以下「道徳科」という。）を要として学校の教育活動全体を通じて行うものであり、道徳科はもとより、各教科、外国語活動、総合的な学習の時間及び特別活動のそれぞれの特質に応じて、児童の発達の段階を考慮して、適切な指導を行うこと。

　　道徳教育は、教育基本法及び学校教育法に定められた教育の根本精神に基づき、自己の生き方を考え、主体的な判断の下に行動し、自立した人間として他者と共によりよく生きるための基盤となる道徳性を養うことを目標とすること。

　　道徳教育を進めるに当たっては、人間尊重の精神と生命に対する畏敬の念を家庭、学校、その他社会における具体的な生活の中に生かし、豊かな心をもち、伝統と文化を尊重し、それらを育んできた我が国と郷土

を愛し、個性豊かな文化の創造を図るとともに、平和で民主的な国家及び社会の形成者として、公共の精神を尊び、社会及び国家の発展に努め、他国を尊重し、国際社会の平和と発展や環境の保全に貢献し未来を拓く主体性のある日本人の育成に資することとなるよう特に留意すること。

(3) 学校における体育・健康に関する指導を、児童の発達の段階を考慮して、学校の教育活動全体を通じて適切に行うことにより、健康で安全な生活と豊かなスポーツライフの実現を目指した教育の充実に努めること。特に、学校における食育の推進並びに体力の向上に関する指導、安全に関する指導及び心身の健康の保持増進に関する指導については、体育科、家庭科及び特別活動の時間はもとより、各教科、道徳科、外国語活動及び総合的な学習の時間などにおいてもそれぞれの特質に応じて適切に行うよう努めること。また、それらの指導を通して、家庭や地域社会との連携を図りながら、日常生活において適切な体育・健康に関する活動の実践を促し、生涯を通じて健康・安全で活力ある生活を送るための基礎が培われるよう配慮すること。

3 2の(1)から(3)までに掲げる事項の実現を図り、豊かな創造性を備え持続可能な社会の創り手となることが期待される児童に、生きる力を育むことを目指すに当たっては、学校教育全体並びに各教科、道徳科、外国語活動、総合的な学習の時間及び特別活動（以下「各教科等」という。ただし、第2の3の(2)のア及びウにおいて、特別活動については学級活動（学校給食に係るものを除く。）に限る。）の指導を通してどのような資質・能力の育成を目指すのかを明確にしながら、教育活動の充実を図るものとする。その際、児童の発達の段階や特性等を踏まえつつ、次に掲げることが偏りなく実現できるようにするものとする。

(1) 知識及び技能が習得されるようにすること。

(2) 思考力、判断力、表現力等を育成すること。

(3) 学びに向かう力、人間性等を涵養すること。

4 各学校においては、児童や学校、地域の実態を適切に把握し、教育の目的や目標の実現に必要な教育の内容等を教科等横断的な視点で組み立てていくこと、教育課程の実施状況を評価してその改善を図っていくこと、教

育課程の実施に必要な人的又は物的な体制を確保するとともにその改善を図っていくことなどを通して、教育課程に基づき組織的かつ計画的に各学校の教育活動の質の向上を図っていくこと（以下「カリキュラム・マネジメント」という。）に努めるものとする。

第2　教育課程の編成

1　各学校の教育目標と教育課程の編成

教育課程の編成に当たっては、学校教育全体や各教科等における指導を通して育成を目指す資質・能力を踏まえつつ、各学校の教育目標を明確にするとともに、教育課程の編成についての基本的な方針が家庭や地域とも共有されるよう努めるものとする。その際、第5章総合的な学習の時間の第2の1に基づき定められる目標との関連を図るものとする。

2　教科等横断的な視点に立った資質・能力の育成

(1)　各学校においては、児童の発達の段階を考慮し、言語能力、情報活用能力（情報モラルを含む）、問題発見・解決能力等の学習の基盤となる資質・能力を育成していくことができるよう、各教科等の特質を生かし、教科等横断的な視点から教育課程の編成を図るものとする。

(2)　各学校においては、児童や学校、地域の実態及び児童の発達の段階を考慮し、豊かな人生の実現や災害等を乗り越えて次代の社会を形成することに向けた現代的な諸課題に対応して求められる資質・能力を、教科等横断的な視点で育成していくことができるよう、各学校の特色を生かした教育課程の編成を図るものとする。

3　教育課程の編成における共通的事項

(1)　内容等の取扱い

　　ア　第2章以下に示す各教科、道徳科、外国語活動及び特別活動の内容に関する事項は、特に示す場合を除き、いずれの学校においても取り扱わなければならない。

　　イ　学校において特に必要がある場合には、第2章以下に示していない内容を加えて指導することができる。また、第2章以下に示す内容の取扱いのうち内容の範囲や程度等を示す事項は、全ての児童に対して

指導するものとする内容の範囲や程度等を示したものであり、学校において特に必要がある場合には、この事項にかかわらず加えて指導することができる。ただし、これらの場合には、第2章以下に示す各教科、道徳科、外国語活動及び特別活動の目標や内容の趣旨を逸脱したり、児童の負担過重となったりすることのないようにしなければならない。

ウ　第2章以下に示す各教科、道徳科、外国語活動及び特別活動の内容に掲げる事項の順序は、特に示す場合を除き、指導の順序を示すものではないので、学校においては、その取扱いについて適切な工夫を加えるものとする。

エ　学年の内容を2学年まとめて示した教科及び外国語活動の内容は、2学年間かけて指導する事項を示したものである。各学校においては、これらの事項を児童や学校、地域の実態に応じ、2学年間を見通して計画的に指導することとし、特に示す場合を除き、いずれかの学年に分けて、又はいずれの学年においても指導するものとする。

オ　学校において2以上の学年の児童で編制する学級について特に必要がある場合には、各教科及び道徳科の目標の達成に支障のない範囲内で、各教科及び道徳科の目標及び内容について学年別の順序によらないことができる。

カ　道徳科を要として学校の教育活動全体を通じて行う道徳教育の内容は、第3章特別の教科道徳の第2に示す内容とし、その実施に当たっては、第6に示す道徳教育に関する配慮事項を踏まえるものとする。

(2)　授業時数等の取扱い

ア　各教科等の授業は、年間35週（第1学年については34週）以上にわたって行うよう計画し、週当たりの授業時数が児童の負担過重にならないようにするものとする。ただし、各教科等や学習活動の特質に応じ効果的な場合には、夏季、冬季、学年末等の休業日の期間に授業日を設定する場合を含め、これらの授業を特定の期間に行うことができる。

イ　特別活動の授業のうち、児童会活動、クラブ活動及び学校行事につ

いては、それらの内容に応じ、年間、学期ごと、月ごとなどに適切な
授業時数を充てるものとする。

ウ　各学校の時間割については、次の事項を踏まえ適切に編成するもの
とする。

（ア）　各教科等のそれぞれの授業の1単位時間は、各学校において、
各教科等の年間授業時数を確保しつつ、児童の発達の段階及び各教
科等や学習活動の特質を考慮して適切に定めること。

（イ）　各教科等の特質に応じ、10 分から15 分程度の短い時間を活用
して特定の教科等の指導を行う場合において、教師が、単元や題材
など内容や時間のまとまりを見通した中で、その指導内容の決定や
指導の成果の把握と活用等を責任をもって行う体制が整備されてい
るときは、その時間を当該教科等の年間授業時数に含めることがで
きること。

（ウ）　給食、休憩などの時間については、各学校において工夫を加え、
適切に定めること。

（エ）　各学校において、児童や学校、地域の実態、各教科等や学習活
動の特質等に応じて、創意工夫を生かした時間割を弾力的に編成で
きること。

エ　総合的な学習の時間における学習活動により、特別活動の学校行事
に掲げる各行事の実施と同様の成果が期待できる場合においては、総
合的な学習の時間における学習活動をもって相当する特別活動の学校
行事に掲げる各行事の実施に替えることができる。

⑶　指導計画の作成等に当たっての配慮事項

各学校においては、次の事項に配慮しながら、学校の創意工夫を生か
し、全体として、調和のとれた具体的な指導計画を作成するものとする。

ア　各教科等の指導内容については、⑴のアを踏まえつつ、単元や題材
など内容や時間のまとまりを見通しながら、そのまとめ方や重点の置
き方に適切な工夫を加え、第3の1に示す主体的・対話的で深い学び
の実現に向けた授業改善を通して資質・能力を育む効果的な指導がで
きるようにすること。

イ　各教科等及び各学年相互間の関連を図り、系統的、発展的な指導が
　　　できるようにすること。
　　ウ　学年の内容を2学年まとめて示した教科及び外国語活動については、
　　　当該学年間を見通して、児童や学校、地域の実態に応じ、児童の発達
　　　の段階を考慮しつつ、効果的、段階的に指導するようにすること。
　　エ　児童の実態等を考慮し、指導の効果を高めるため、児童の発達の段
　　　階や指導内容の関連性等を踏まえつつ、合科的・関連的な指導を進め
　　　ること。
4　学校段階等間の接続
　教育課程の編成に当たっては、次の事項に配慮しながら、学校段階等間の
接続を図るものとする。
⑴　幼児期の終わりまでに育ってほしい姿を踏まえた指導を工夫すること
　　により、幼稚園教育要領等に基づく幼児期の教育を通して育まれた資
　　質・能力を踏まえて教育活動を実施し、児童が主体的に自己を発揮しな
　　がら学びに向かうことが可能となるようにすること。
　　　また、低学年における教育全体において、例えば生活科において育成
　　する自立し生活を豊かにしていくための資質・能力が、他教科等の学習
　　においても生かされるようにするなど、教科等間の関連を積極的に図り、
　　幼児期の教育及び中学年以降の教育との円滑な接続が図られるよう工夫
　　すること。特に、小学校入学当初においては、幼児期において自発的な
　　活動としての遊びを通して育まれてきたことが、各教科等における学習
　　に円滑に接続されるよう、生活科を中心に、合科的・関連的な指導や弾
　　力的な時間割の設定など、指導の工夫や指導計画の作成を行うこと。
⑵　中学校学習指導要領及び高等学校学習指導要領を踏まえ、中学校教育
　　及びその後の教育との円滑な接続が図られるよう工夫すること。特に、
　　義務教育学校、中学校連携型小学校及び中学校併設型小学校においては、
　　義務教育9年間を見通した計画的かつ継続的な教育課程を編成すること。

…中略…

第5　学校運営上の留意事項

1　教育課程の改善と学校評価等

　ア　各学校においては、校長の方針の下に、校務分掌に基づき教職員が適
　　切に役割を分担しつつ、相互に連携しながら、各学校の特色を生かした
　　カリキュラム・マネジメントを行うよう努めるものとする。また、各学
　　校が行う学校評価については、教育課程の編成、実施、改善が教育活動
　　や学校運営の中核となることを踏まえ、カリキュラム・マネジメントと
　　関連付けながら実施するよう留意するものとする。

　イ　教育課程の編成及び実施に当たっては、学校保健計画、学校安全計画、
　　食に関する指導の全体計画、いじめの防止等のための対策に関する基本
　　的な方針など、各分野における学校の全体計画等と関連付けながら、効
　　果的な指導が行われるように留意するものとする。

2　家庭や地域社会との連携及び協働と学校間の連携

　教育課程の編成及び実施に当たっては、次の事項に配慮するものとする。

　ア　学校がその目的を達成するため、学校や地域の実態等に応じ、教育活
　　動の実施に必要な人的又は物的な体制を家庭や地域の人々の協力を得な
　　がら整えるなど、家庭や地域社会との連携及び協働を深めること。また、
　　高齢者や異年齢の子供など、地域における世代を越えた交流の機会を設
　　けること。

　イ　他の小学校や、幼稚園、認定こども園、保育所、中学校、高等学校、
　　特別支援学校などとの間の連携や交流を図るとともに、障害のある幼児
　　児童生徒との交流及び共同学習の機会を設け、共に尊重し合いながら協
　　働して生活していく態度を育むようにすること。

中学校学習指導要領（抄）　（平成29年3月31日　告示）

第1章　総則

第1　中学校教育の基本と教育課程の役割

1　各学校においては、教育基本法及び学校教育法その他の法令並びにこの

章以下に示すところに従い、生徒の人間として調和のとれた育成を目指し、生徒の心身の発達の段階や特性及び学校や地域の実態を十分考慮して、適切な教育課程を編成するものとし、これらに掲げる目標を達成するよう教育を行うものとする。

2 学校の教育活動を進めるに当たっては、各学校において、第3の1に示す主体的・対話的で深い学びの実現に向けた授業改善を通して、創意工夫を生かした特色ある教育活動を展開する中で、次の(1)から(3)までに掲げる事項の実現を図り、生徒に生きる力を育むことを目指すものとする。

(1) 基礎的・基本的な知識及び技能を確実に習得させ、これらを活用して課題を解決するために必要な思考力、判断力、表現力等を育むとともに、主体的に学習に取り組む態度を養い、個性を生かし多様な人々との協働を促す教育の充実に努めること。その際、生徒の発達の段階を考慮して、生徒の言語活動など、学習の基盤をつくる活動を充実するとともに、家庭との連携を図りながら、生徒の学習習慣が確立するよう配慮すること。

(2) 道徳教育や体験活動、多様な表現や鑑賞の活動等を通して、豊かな心や創造性の涵養を目指した教育の充実に努めること。学校における道徳教育は、特別の教科である道徳（以下「道徳科」という。）を要として学校の教育活動全体を通じて行うものであり、道徳科はもとより、各教科、総合的な学習の時間及び特別活動のそれぞれの特質に応じて、生徒の発達の段階を考慮して、適切な指導を行うこと。

　道徳教育は、教育基本法及び学校教育法に定められた教育の根本精神に基づき、人間としての生き方を考え、主体的な判断の下に行動し、自立した人間として他者と共によりよく生きるための基盤となる道徳性を養うことを目標とすること。

　道徳教育を進めるに当たっては、人間尊重の精神と生命に対する畏敬の念を家庭、学校、その他社会における具体的な生活の中に生かし、豊かな心をもち、伝統と文化を尊重し、それらを育んできた我が国と郷土を愛し、個性豊かな文化の創造を図るとともに、平和で民主的な国家及び社会の形成者として、公共の精神を尊び、社会及び国家の発展に努め、他国を尊重し、国際社会の平和と発展や環境の保全に貢献し未来を拓く

主体性のある日本人の育成に資することとなるよう特に留意すること。

(3)　学校における体育・健康に関する指導を、生徒の発達の段階を考慮して、学校の教育活動全体を通じて適切に行うことにより、健康で安全な生活と豊かなスポーツライフの実現を目指した教育の充実に努めること。特に、学校における食育の推進並びに体力の向上に関する指導、安全に関する指導及び心身の健康の保持増進に関する指導については、保健体育科、技術・家庭科及び特別活動の時間はもとより、各教科、道徳科及び総合的な学習の時間などにおいてもそれぞれの特質に応じて適切に行うよう努めること。また、それらの指導を通して、家庭や地域社会との連携を図りながら、日常生活において適切な体育・健康に関する活動の実践を促し、生涯を通じて健康・安全で活力ある生活を送るための基礎が培われるよう配慮すること。

3　2の(1)から(3)までに掲げる事項の実現を図り、豊かな創造性を備え持続可能な社会の創り手となることが期待される生徒に、生きる力を育むことを目指すに当たっては、学校教育全体並びに各教科、道徳科、総合的な学習の時間及び特別活動（以下「各教科等」という。ただし、第2の3の(2)のア及びウにおいて、特別活動については学級活動（学校給食に係るものを除く。）に限る。）の指導を通してどのような資質・能力の育成を目指すのかを明確にしながら、教育活動の充実を図るものとする。その際、生徒の発達の段階や特性等を踏まえつつ、次に掲げることが偏りなく実現できるようにするものとする。

(1)　知識及び技能が習得されるようにすること。

(2)　思考力、判断力、表現力等を育成すること。

(3)　学びに向かう力、人間性等を涵養すること。

4　各学校においては、生徒や学校、地域の実態を適切に把握し、教育の目的や目標の実現に必要な教育の内容等を教科等横断的な視点で組み立てていくこと、教育課程の実施状況を評価してその改善を図っていくこと、教育課程の実施に必要な人的又は物的な体制を確保するとともにその改善を図っていくことなどを通して、教育課程に基づき組織的かつ計画的に各学校の教育活動の質の向上を図っていくこと（以下「カリキュラム・マネジ

メント」という。）に努めるものとする。

第2　教育課程の編成
1　各学校の教育目標と教育課程の編成
　教育課程の編成に当たっては、学校教育全体や各教科等における指導を通して育成を目指す資質・能力を踏まえつつ、各学校の教育目標を明確にするとともに、教育課程の編成についての基本的な方針が家庭や地域とも共有されるよう努めるものとする。その際、第4章総合的な学習の時間の第2の1に基づき定められる目標との関連を図るものとする。
2　教科等横断的な視点に立った資質・能力の育成
　(1)　各学校においては、生徒の発達の段階を考慮し、言語能力、情報活用能力（情報モラルを含む。）、問題発見・解決能力等の学習の基盤となる資質・能力を育成していくことができるよう、各教科等の特質を生かし、教科等横断的な視点から教育課程の編成を図るものとする。
　(2)　各学校においては、生徒や学校、地域の実態及び生徒の発達の段階を考慮し、豊かな人生の実現や災害等を乗り越えて次代の社会を形成することに向けた現代的な諸課題に対応して求められる資質・能力を、教科等横断的な視点で育成していくことができるよう、各学校の特色を生かした教育課程の編成を図るものとする。
3　教育課程の編成における共通的事項
　(1)　内容等の取扱い
　　ア　第2章以下に示す各教科、道徳科及び特別活動の内容に関する事項は、特に示す場合を除き、いずれの学校においても取り扱わなければならない。
　　イ　学校において特に必要がある場合には、第2章以下に示していない内容を加えて指導することができる。また、第2章以下に示す内容の取扱いのうち内容の範囲や程度等を示す事項は、全ての生徒に対して指導するものとする内容の範囲や程度等を示したものであり、学校において特に必要がある場合には、この事項にかかわらず加えて指導することができる。ただし、これらの場合には、第2章以下に示す各教

　科、道徳科及び特別活動の目標や内容の趣旨を逸脱したり、生徒の負担過重となったりすることのないようにしなければならない。

ウ　第2章以下に示す各教科、道徳科及び特別活動の内容に掲げる事項の順序は、特に示す場合を除き、指導の順序を示すものではないので、学校においては、その取扱いについて適切な工夫を加えるものとする。

エ　学校において2以上の学年の生徒で編制する学級について特に必要がある場合には、各教科の目標の達成に支障のない範囲内で、各教科の目標及び内容について学年別の順序によらないことができる。

オ　各学校においては、生徒や学校、地域の実態を考慮して、生徒の特性等に応じた多様な学習活動が行えるよう、第2章に示す各教科や、特に必要な教科を、選択教科として開設し生徒に履修させることができる。その場合にあっては、全ての生徒に指導すべき内容との関連を図りつつ、選択教科の授業時数及び内容を適切に定め選択教科の指導計画を作成し、生徒の負担過重となることのないようにしなければならない。また、特に必要な教科の名称、目標、内容などについては、各学校が適切に定めるものとする。

カ　道徳科を要として学校の教育活動全体を通じて行う道徳教育の内容は、第3章特別の教科道徳の第2に示す内容とし、その実施に当たっては、第6に示す道徳教育に関する配慮事項を踏まえるものとする。

…中略…

第4　生徒の発達の支援

1　生徒の発達を支える指導の充実

教育課程の編成及び実施に当たっては、次の事項に配慮するものとする。

(1)　学習や生活の基盤として、教師と生徒との信頼関係及び生徒相互のよりよい人間関係を育てるため、日頃から学級経営の充実を図ること。また、主に集団の場面で必要な指導や援助を行うガイダンスと、個々の生徒の多様な実態を踏まえ、一人一人が抱える課題に個別に対応した指導を行うカウンセリングの双方により、生徒の発達を支援すること。

(2)　生徒が、自己の存在感を実感しながら、よりよい人間関係を形成し、

有意義で充実した学校生活を送る中で、現在及び将来における自己実現を図っていくことができるよう、生徒理解を深め、学習指導と関連付けながら、生徒指導の充実を図ること。

(3) 生徒が、学ぶことと自己の将来とのつながりを見通しながら、社会的・職業的自立に向けて必要な基盤となる資質・能力を身に付けていくことができるよう、特別活動を要としつつ各教科等の特質に応じて、キャリア教育の充実を図ること。その中で、生徒が自らの生き方を考え主体的に進路を選択することができるよう、学校の教育活動全体を通じ、組織的かつ計画的な進路指導を行うこと。

(4) 生徒が、基礎的・基本的な知識及び技能の習得も含め、学習内容を確実に身に付けることができるよう、生徒や学校の実態に応じ、個別学習やグループ別学習、繰り返し学習、学習内容の習熟の程度に応じた学習、生徒の興味・関心等に応じた課題学習、補充的な学習や発展的な学習などの学習活動を取り入れることや、教師間の協力による指導体制を確保することなど、指導方法や指導体制の工夫改善により、個に応じた指導の充実を図ること。その際、第3の1の(3)に示す情報手段や教材・教具の活用を図ること。

2　特別な配慮を必要とする生徒への指導

(1) 障害のある生徒などへの指導

ア　障害のある生徒などについては、特別支援学校等の助言又は援助を活用しつつ、個々の生徒の障害の状態等に応じた指導内容や指導方法の工夫を組織的かつ計画的に行うものとする。

イ　特別支援学級において実施する特別の教育課程については、次のとおり編成するものとする。

…中略…

(3) 不登校生徒への配慮

ア　不登校生徒については、保護者や関係機関と連携を図り、心理や福祉の専門家の助言又は援助を得ながら、社会的自立を目指す観点から、個々の生徒の実態に応じた情報の提供その他の必要な支援を行うもの

とする。

　イ　相当の期間中学校を欠席し引き続き欠席すると認められる生徒を対象として、文部科学大臣が認める特別の教育課程を編成する場合には、生徒の実態に配慮した教育課程を編成するとともに、個別学習やグループ別学習など指導方法や指導体制の工夫改善に努めるものとする。

(4)　学齢を経過した者への配慮

　ア　夜間その他の特別の時間に授業を行う課程において学齢を経過した者を対象として特別の教育課程を編成する場合には、学齢を経過した者の年齢、経験又は勤労状況その他の実情を踏まえ、中学校教育の目的及び目標並びに第2章以下に示す各教科等の目標に照らして、中学校教育を通じて育成を目指す資質・能力を身に付けることができるようにするものとする。

　イ　学齢を経過した者を教育する場合には、個別学習やグループ別学習など指導方法や指導体制の工夫改善に努めるものとする。

幼稚園教育要領（抄）　（平成29年3月　告示）

第1章　総則

第1　幼稚園教育の基本

　幼児期の教育は、生涯にわたる人格形成の基礎を培う重要なものであり、幼稚園教育は、学校教育法に規定する目的及び目標を達成するため、幼児期の特性を踏まえ、環境を通して行うものであることを基本とする。このため教師は、幼児との信頼関係を十分に築き、幼児が身近な環境に主体的に関わり、環境との関わり方や意味に気付き、これらを取り込もうとして、試行錯誤したり、考えたりするようになる幼児期の教育における見方・考え方を生かし、幼児と共によりよい教育環境を創造するように努めるものとする。

　これらを踏まえ、次に示す事項を重視して教育を行わなければならない。

1　幼児は安定した情緒の下で自己を十分に発揮することにより発達に必要

な体験を得ていくものであることを考慮して、幼児の主体的な活動を促し、幼児期にふさわしい生活が展開されるようにすること。

2 幼児の自発的な活動としての遊びは、心身の調和のとれた発達の基礎を培う重要な学習であることを考慮して、遊びを通しての指導を中心として第2章に示すねらいが総合的に達成されるようにすること。

3 幼児の発達は、心身の諸側面が相互に関連し合い、多様な経過をたどって成し遂げられていくものであること、また、幼児の生活経験がそれぞれ異なることなどを考慮して、幼児一人一人の特性に応じ、発達の課題に即した指導を行うようにすること。

その際、教師は、幼児の主体的な活動が確保されるよう幼児一人一人の行動の理解と予想に基づき、計画的に環境を構成しなければならない。この場合において、教師は、幼児と人やものとの関わりが重要であることを踏まえ、教材を工夫し、物的・空間的環境を構成しなければならない。また、幼児一人一人の活動の場面に応じて、様々な役割を果たし、その活動を豊かにしなければならない。

第2 幼稚園教育において育みたい資質・能力及び「幼児期の終わりまでに育ってほしい姿」

1 幼稚園においては、生きる力の基礎を育むため、この章の第1に示す幼稚園教育の基本を踏まえ、次に掲げる資質・能力を一体的に育むよう努めるものとする。

⑴ 豊かな体験を通じて、感じたり、気付いたり、分かったり、できるようになったりする「知識及び技能の基礎」

⑵ 気付いたことや、できるようになったことなどを使い、考えたり、試したり、工夫したり、表現したりする「思考力、判断力、表現力等の基礎」

⑶ 心情、意欲、態度が育つ中で、よりよい生活を営もうとする「学びに向かう力、人間性等」

2 1に示す資質・能力は、第2章に示すねらい及び内容に基づく活動全体によって育むものである。

3　次に示す「幼児期の終わりまでに育ってほしい姿」は、第2章に示すねらい及び内容に基づく活動全体を通して資質・能力が育まれている幼児の幼稚園修了時の具体的な姿であり、教師が指導を行う際に考慮するものである。

(1)　健康な心と体

　幼稚園生活の中で、充実感をもって自分のやりたいことに向かって心と体を十分に働かせ、見通しをもって行動し、自ら健康で安全な生活をつくり出すようになる。

(2)　自立心

　身近な環境に主体的に関わり様々な活動を楽しむ中で、しなければならないことを自覚し、自分の力で行うために考えたり、工夫したりしながら、諦めずにやり遂げることで達成感を味わい、自信をもって行動するようになる。

(3)　協同性

　友達と関わる中で、互いの思いや考えなどを共有し、共通の目的の実現に向けて、考えたり、工夫したり、協力したりし、充実感をもってやり遂げるようになる。

(4)　道徳性・規範意識の芽生え

　友達と様々な体験を重ねる中で、してよいことや悪いことが分かり、自分の行動を振り返ったり、友達の気持ちに共感したりし、相手の立場に立って行動するようになる。また、きまりを守る必要性が分かり、自分の気持ちを調整し、友達と折り合いを付けながら、きまりをつくったり、守ったりするようになる。

(5)　社会生活との関わり

　家族を大切にしようとする気持ちをもつとともに、地域の身近な人と触れ合う中で、人との様々な関わり方に気付き、相手の気持ちを考えて関わり、自分が役に立つ喜びを感じ、地域に親しみをもつようになる。また、幼稚園内外の様々な環境に関わる中で、遊びや生活に必要な情報を取り入れ、情報に基づき判断したり、情報を伝え合ったり、活用したりするなど、情報を役立てながら活動するようになるとともに、公共の施設を大切に利

用するなどして、社会とのつながりなどを意識するようになる。

(6)　思考力の芽生え

　身近な事象に積極的に関わる中で、物の性質や仕組みなどを感じ取ったり、気付いたりし、考えたり、予想したり、工夫したりするなど、多様な関わりを楽しむようになる。また、友達の様々な考えに触れる中で、自分と異なる考えがあることに気付き、自ら判断したり、考え直したりするなど、新しい考えを生み出す喜びを味わいながら、自分の考えをよりよいものにするようになる。

(7)　自然との関わり・生命尊重

　自然に触れて感動する体験を通して、自然の変化などを感じ取り、好奇心や探究心をもって考え言葉などで表現しながら、身近な事象への関心が高まるとともに、自然への愛情や畏敬の念をもつようになる。また、身近な動植物に心を動かされる中で、生命の不思議さや尊さに気付き、身近な動植物への接し方を考え、命あるものとしていたわり、大切にする気持ちをもって関わるようになる。

(8)　数量や図形、標識や文字などへの関心・感覚

　遊びや生活の中で、数量や図形、標識や文字などに親しむ体験を重ねたり、標識や文字の役割に気付いたりし、自らの必要感に基づきこれらを活用し、興味や関心、感覚をもつようになる。

(9)　言葉による伝え合い

　先生や友達と心を通わせる中で、絵本や物語などに親しみながら、豊かな言葉や表現を身に付け、経験したことや考えたことなどを言葉で伝えたり、相手の話を注意して聞いたりし、言葉による伝え合いを楽しむようになる。

(10)　豊かな感性と表現

　心を動かす出来事などに触れ感性を働かせる中で、様々な素材の特徴や表現の仕方などに気付き、感じたことや考えたことを自分で表現したり、友達同士で表現する過程を楽しんだりし、表現する喜びを味わい、意欲をもつようになる。

第3　教育課程の役割と編成等

1　教育課程の役割

　各幼稚園においては、教育基本法及び学校教育法その他の法令並びにこの幼稚園教育要領の示すところに従い、創意工夫を生かし、幼児の心身の発達と幼稚園及び地域の実態に即応した適切な教育課程を編成するものとする。

　また、各幼稚園においては、6に示す全体的な計画にも留意しながら、「幼児期の終わりまでに育ってほしい姿」を踏まえ教育課程を編成すること、教育課程の実施状況を評価してその改善を図っていくこと、教育課程の実施に必要な人的又は物的な体制を確保するとともにその改善を図っていくことなどを通して、教育課程に基づき組織的かつ計画的に各幼稚園の教育活動の質の向上を図っていくこと（以下「カリキュラム・マネジメント」という。）に努めるものとする。

2　各幼稚園の教育目標と教育課程の編成

　教育課程の編成に当たっては、幼稚園教育において育みたい資質・能力を踏まえつつ、各幼稚園の教育目標を明確にするとともに、教育課程の編成についての基本的な方針が家庭や地域とも共有されるよう努めるものとする。

3　教育課程の編成上の基本的事項

　(1)　幼稚園生活の全体を通して第2章に示すねらいが総合的に達成されるよう、教育課程に係る教育期間や幼児の生活経験や発達の過程などを考慮して具体的なねらいと内容を組織するものとする。この場合においては、特に、自我が芽生え、他者の存在を意識し、自己を抑制しようとする気持ちが生まれる幼児期の発達の特性を踏まえ、入園から修了に至るまでの長期的な視野をもって充実した生活が展開できるように配慮するものとする。

　(2)　幼稚園の毎学年の教育課程に係る教育週数は、特別の事情のある場合を除き、39週を下ってはならない。

　(3)　幼稚園の1日の教育課程に係る教育時間は、4時間を標準とする。ただし、幼児の心身の発達の程度や季節などに適切に配慮するものとする。

4　教育課程の編成上の留意事項

　教育課程の編成に当たっては、次の事項に留意するものとする。

(1) 幼児の生活は、入園当初の一人一人の遊びや教師との触れ合いを通して幼稚園生活に親しみ、安定していく時期から、他の幼児との関わりの中で幼児の主体的な活動が深まり、幼児が互いに必要な存在であることを認識するようになり、やがて幼児同士や学級全体で目的をもって協同して幼稚園生活を展開し、深めていく時期などに至るまでの過程を様々に経ながら広げられていくものであることを考慮し、活動がそれぞれの時期にふさわしく展開されるようにすること。

(2) 入園当初、特に、３歳児の入園については、家庭との連携を緊密にし、生活のリズムや安全面に十分配慮すること。また、満３歳児については、学年の途中から入園することを考慮し、幼児が安心して幼稚園生活を過ごすことができるよう配慮すること。

(3) 幼稚園生活が幼児にとって安全なものとなるよう、教職員による協力体制の下、幼児の主体的な活動を大切にしつつ、園庭や園舎などの環境の配慮や指導の工夫を行うこと。

5 小学校教育との接続に当たっての留意事項

(1) 幼稚園においては、幼稚園教育が、小学校以降の生活や学習の基盤の育成につながることに配慮し、幼児期にふさわしい生活を通して、創造的な思考や主体的な生活態度などの基礎を培うようにするものとする。

(2) 幼稚園教育において育まれた資質・能力を踏まえ、小学校教育が円滑に行われるよう、小学校の教師との意見交換や合同の研究の機会などを設け、「幼児期の終わりまでに育ってほしい姿」を共有するなど連携を図り、幼稚園教育と小学校教育との円滑な接続を図るよう努めるものとする。

6 全体的な計画の作成

各幼稚園においては、教育課程を中心に、第３章に示す教育課程に係る教育時間の終了後等に行う教育活動の計画、学校保健計画、学校安全計画などとを関連させ、一体的に教育活動が展開されるよう全体的な計画を作成するものとする。

保育所保育指針（抄）　（平成29年3月　告示）

第1章　総則

1　保育所保育に関する基本原則

（1）保育所の役割

ア　保育所は、児童福祉法（昭和22年法律第164号）第39条の規定に基づき、保育を必要とする子どもの保育を行い、その健全な心身の発達を図ることを目的とする児童福祉施設であり、入所する子どもの最善の利益を考慮し、その福祉を積極的に増進することに最もふさわしい生活の場でなければならない。

イ　保育所は、その目的を達成するために、保育に関する専門性を有する職員が、家庭との緊密な連携の下に、子どもの状況や発達過程を踏まえ、保育所における環境を通して、養護及び教育を一体的に行うことを特性としている。

ウ　保育所は、入所する子どもを保育するとともに、家庭や地域の様々な社会資源との連携を図りながら、入所する子どもの保護者に対する支援及び地域の子育て家庭に対する支援等を行う役割を担うものである。

エ　保育所における保育士は、児童福祉法第18条の4の規定を踏まえ、保育所の役割及び機能が適切に発揮されるように、倫理観に裏付けられた専門的知識、技術及び判断をもって、子どもを保育するとともに、子どもの保護者に対する保育に関する指導を行うものであり、その職責を遂行するための専門性の向上に絶えず努めなければならない。

（2）保育の目標

ア　保育所は、子どもが生涯にわたる人間形成にとって極めて重要な時期に、その生活時間の大半を過ごす場である。このため、保育所の保育は、子どもが現在を最も良く生き、望ましい未来をつくり出す力の基礎を培うために、次の目標を目指して行わなければならない。

（ア）十分に養護の行き届いた環境の下に、くつろいだ雰囲気の中で

子どもの様々な欲求を満たし、生命の保持及び情緒の安定を図ること。

（イ）　健康、安全など生活に必要な基本的な習慣や態度を養い、心身の健康の基礎を培うこと。

（ウ）　人との関わりの中で、人に対する愛情と信頼感、そして人権を大切にする心を育てるとともに、自主、自立及び協調の態度を養い、道徳性の芽生えを培うこと。

（エ）　生命、自然及び社会の事象についての興味や関心を育て、それらに対する豊かな心情や思考力の芽生えを培うこと。

（オ）　生活の中で、言葉への興味や関心を育て、話したり、聞いたり、相手の話を理解しようとするなど、言葉の豊かさを養うこと。

（カ）　様々な体験を通して、豊かな感性や表現力を育み、創造性の芽生えを培うこと。

イ　保育所は、入所する子どもの保護者に対し、その意向を受け止め、子どもと保護者の安定した関係に配慮し、保育所の特性や保育士等の専門性を生かして、その援助に当たらなければならない。

(3)　保育の方法

　保育の目標を達成するために、保育士等は、次の事項に留意して保育しなければならない。

ア　一人一人の子どもの状況や家庭及び地域社会での生活の実態を把握するとともに、子どもが安心感と信頼感をもって活動できるよう、子どもの主体としての思いや願いを受け止めること。

イ　子どもの生活のリズムを大切にし、健康、安全で情緒の安定した生活ができる環境や、自己を十分に発揮できる環境を整えること。

ウ　子どもの発達について理解し、一人一人の発達過程に応じて保育すること。その際、子どもの個人差に十分配慮すること。

エ　子ども相互の関係づくりや互いに尊重する心を大切にし、集団における活動を効果あるものにするよう援助すること。

オ　子どもが自発的・意欲的に関われるような環境を構成し、子どもの主体的な活動や子ども相互の関わりを大切にすること。特に、乳幼児

期にふさわしい体験が得られるように、生活や遊びを通して総合的に保育すること。

カ　一人一人の保護者の状況やその意向を理解、受容し、それぞれの親子関係や家庭生活等に配慮しながら、様々な機会をとらえ、適切に援助すること。

(4)　保育の環境

保育の環境には、保育士等や子どもなどの人的環境、施設や遊具などの物的環境、更には自然や社会の事象などがある。保育所は、こうした人、物、場などの環境が相互に関連し合い、子どもの生活が豊かなものとなるよう、次の事項に留意しつつ、計画的に環境を構成し、工夫して保育しなければならない。

ア　子ども自らが環境に関わり、自発的に活動し、様々な経験を積んでいくことができるよう配慮すること。

イ　子どもの活動が豊かに展開されるよう、保育所の設備や環境を整え、保育所の保健的環境や安全の確保などに努めること。

ウ　保育室は、温かな親しみとくつろぎの場となるとともに、生き生きと活動できる場となるように配慮すること。

エ　子どもが人と関わる力を育てていくため、子ども自らが周囲の子どもや大人と関わっていくことができる環境を整えること。

(5)　保育所の社会的責任

ア　保育所は、子どもの人権に十分配慮するとともに、子ども一人一人の人格を尊重して保育を行わなければならない。

イ　保育所は、地域社会との交流や連携を図り、保護者や地域社会に、当該保育所が行う保育の内容を適切に説明するよう努めなければならない。

ウ　保育所は、入所する子ども等の個人情報を適切に取り扱うとともに、保護者の苦情などに対し、その解決を図るよう努めなければならない。

2　養護に関する基本的事項

(1)　養護の理念

保育における養護とは、子どもの生命の保持及び情緒の安定を図るため

に保育士等が行う援助や関わりであり、保育所における保育は、養護及び教育を一体的に行うことをその特性とするものである。保育所における保育全体を通じて、養護に関するねらい及び内容を踏まえた保育が展開されなければならない。

(2) 養護に関わるねらい及び内容

　ア　生命の保持

　　（ア）　ねらい

　　　　①一人一人の子どもが、快適に生活できるようにする。

　　　　②一人一人の子どもが、健康で安全に過ごせるようにする。

　　　　③一人一人の子どもの生理的欲求が、十分に満たされるようにする。

　　　　④一人一人の子どもの健康増進が、積極的に図られるようにする。

　　（イ）　内容

　　　　①一人一人の子どもの平常の健康状態や発育及び発達状態を的確に把握し、異常を感じる場合は、速やかに適切に対応する。

　　　　②家庭との連携を密にし、嘱託医等との連携を図りながら、子どもの疾病や事故防止に関する認識を深め、保健的で安全な保育環境の維持及び向上に努める。

　　　　③清潔で安全な環境を整え、適切な援助や応答的な関わりを通して子どもの生理的欲求を満たしていく。また、家庭と協力しながら、子どもの発達過程等に応じた適切な生活のリズムがつくられていくようにする。

　　　　④子どもの発達過程等に応じて、適度な運動と休息を取ることができるようにする。また、食事、排泄、衣類の着脱、身の回りを清潔にすることなどについて、子どもが意欲的に生活できるよう適切に援助する。

　イ　情緒の安定

　　（ア）　ねらい

　　　　①一人一人の子どもが、安定感をもって過ごせるようにする。

　　　　②一人一人の子どもが、自分の気持ちを安心して表すことができるようにする。

③一人一人の子どもが、周囲から主体として受け止められ、主体として育ち、自分を肯定する気持ちが育まれていくようにする。

④一人一人の子どもがくつろいで共に過ごし、心身の疲れが癒されるようにする。

（イ）　内容

①一人一人の子どもの置かれている状態や発達過程などを的確に把握し、子どもの欲求を適切に満たしながら、応答的な触れ合いや言葉がけを行う。

②一人一人の子どもの気持ちを受容し、共感しながら、子どもとの継続的な信頼関係を築いていく。

③保育士等との信頼関係を基盤に、一人一人の子どもが主体的に活動し、自発性や探索意欲などを高めるとともに、自分への自信をもつことができるよう成長の過程を見守り、適切に働きかける。

④一人一人の子どもの生活のリズム、発達過程、保育時間などに応じて、活動内容のバランスや調和を図りながら、適切な食事や休息が取れるようにする。

3　保育の計画及び評価

（1）　全体的な計画の作成

ア　保育所は、1の（2）に示した保育の目標を達成するために、各保育所の保育の方針や目標に基づき、子どもの発達過程を踏まえて、保育の内容が組織的・計画的に構成され、保育所の生活の全体を通して、総合的に展開されるよう、全体的な計画を作成しなければならない。

イ　全体的な計画は、子どもや家庭の状況、地域の実態、保育時間などを考慮し、子どもの育ちに関する長期的見通しをもって適切に作成されなければならない。

ウ　全体的な計画は、保育所保育の全体像を包括的に示すものとし、これに基づく指導計画、保健計画、食育計画等を通じて、各保育所が創意工夫して保育できるよう、作成されなければならない。

（2）　指導計画の作成

ア　保育所は、全体的な計画に基づき、具体的な保育が適切に展開され

るよう、子どもの生活や発達を見通した長期的な指導計画と、それに関連しながら、より具体的な子どもの日々の生活に即した短期的な指導計画を作成しなければならない。

イ　指導計画の作成に当たっては、第2章及びその他の関連する章に示された事項のほか、子ども一人一人の発達過程や状況を十分に踏まえるとともに、次の事項に留意しなければならない。

（ア）　3歳未満児については、一人一人の子どもの生育歴、心身の発達、活動の実態等に即して、個別的な計画を作成すること。

（イ）　3歳以上児については、個の成長と、子ども相互の関係や協同的な活動が促されるよう配慮すること。

（ウ）　異年齢で構成される組やグループでの保育においては、一人一人の子どもの生活や経験、発達過程などを把握し、適切な援助や環境構成ができるよう配慮すること。

ウ　指導計画においては、保育所の生活における子どもの発達過程を見通し、生活の連続性、季節の変化などを考慮し、子どもの実態に即した具体的なねらい及び内容を設定すること。また、具体的なねらいが達成されるよう、子どもの生活する姿や発想を大切にして適切な環境を構成し、子どもが主体的に活動できるようにすること。

エ　一日の生活のリズムや在園時間が異なる子どもが共に過ごすことを踏まえ、活動と休息、緊張感と解放感等の調和を図るよう配慮すること。

オ　午睡は生活のリズムを構成する重要な要素であり、安心して眠ることのできる安全な睡眠環境を確保するとともに、在園時間が異なることや、睡眠時間は子どもの発達の状況や個人によって差があることから、一律とならないよう配慮すること。

カ　長時間にわたる保育については、子どもの発達過程、生活のリズム及び心身の状態に十分配慮して、保育の内容や方法、職員の協力体制、家庭との連携などを指導計画に位置付けること。

キ　障害のある子どもの保育については、一人一人の子どもの発達過程や障害の状態を把握し、適切な環境の下で、障害のある子どもが他の

子どもとの生活を通して共に成長できるよう、指導計画の中に位置付けること。また、子どもの状況に応じた保育を実施する観点から、家庭や関係機関と連携した支援のための計画を個別に作成するなど適切な対応を図ること。

(3) 指導計画の展開

指導計画に基づく保育の実施に当たっては、次の事項に留意しなければならない。

　ア　施設長、保育士など、全職員による適切な役割分担と協力体制を整えること。

　イ　子どもが行う具体的な活動は、生活の中で様々に変化することに留意して、子どもが望ましい方向に向かって自ら活動を展開できるよう必要な援助を行うこと。

　ウ　子どもの主体的な活動を促すためには、保育士等が多様な関わりをもつことが重要であることを踏まえ、子どもの情緒の安定や発達に必要な豊かな体験が得られるよう援助すること。

　エ　保育士等は、子どもの実態や子どもを取り巻く状況の変化などに即して保育の過程を記録するとともに、これらを踏まえ、指導計画に基づく保育の内容の見直しを行い、改善を図ること。

幼保連携型認定こども園教育・保育要領（抄）

（平成29年 3 月31日　告示）

第1章　総則

第1　幼保連携型認定こども園における教育及び保育の基本及び目標等

1　幼保連携型認定こども園における教育及び保育の基本

乳幼児期の教育及び保育は、子どもの健全な心身の発達を図りつつ生涯にわたる人格形成の基礎を培う重要なものであり、幼保連携型認定こども園における教育及び保育は、就学前の子どもに関する教育、保育等の総合的な提

供の推進に関する法律（平成18年法律第77号。以下「認定こども園法」という。）第2条第7項に規定する目的及び第9条に掲げる目標を達成するため、乳幼児期全体を通して、その特性及び保護者や地域の実態を踏まえ、環境を通して行うものであることを基本とし、家庭や地域での生活を含めた園児の生活全体が豊かなものとなるように努めなければならない。

このため保育教諭等は、園児との信頼関係を十分に築き、園児が自ら安心して身近な環境に主体的に関わり、環境との関わり方や意味に気付き、これらを取り込もうとして、試行錯誤したり、考えたりするようになる幼児期の教育における見方・考え方を生かし、その活動が豊かに展開されるよう環境を整え、園児と共によりよい教育及び保育の環境を創造するように努めるものとする。これらを踏まえ、次に示す事項を重視して教育及び保育を行わなければならない。

(1) 乳幼児期は周囲への依存を基盤にしつつ自立に向かうものであることを考慮して、周囲との信頼関係に支えられた生活の中で、園児一人一人が安心感と信頼感をもっていろいろな活動に取り組む体験を十分に積み重ねられるようにすること。

(2) 乳幼児期においては生命の保持が図られ安定した情緒の下で自己を十分に発揮することにより発達に必要な体験を得ていくものであることを考慮して、園児の主体的な活動を促し、乳幼児期にふさわしい生活が展開されるようにすること。

(3) 乳幼児期における自発的な活動としての遊びは、心身の調和のとれた発達の基礎を培う重要な学習であることを考慮して、遊びを通しての指導を中心として第2章に示すねらいが総合的に達成されるようにすること。

(4) 乳幼児期における発達は、心身の諸側面が相互に関連し合い、多様な経過をたどって成し遂げられていくものであること、また、園児の生活経験がそれぞれ異なることなどを考慮して、園児一人一人の特性や発達の過程に応じ、発達の課題に即した指導を行うようにすること。

その際、保育教諭等は、園児の主体的な活動が確保されるよう、園児一人一人の行動の理解と予想に基づき、計画的に環境を構成しなければ

ならない。この場合において、保育教諭等は、園児と人やものとの関わりが重要であることを踏まえ、教材を工夫し、物的・空間的環境を構成しなければならない。また、園児一人一人の活動の場面に応じて、様々な役割を果たし、その活動を豊かにしなければならない。

　なお、幼保連携型認定こども園における教育及び保育は、園児が入園してから修了するまでの在園期間全体を通して行われるものであり、この章の第3に示す幼保連携型認定こども園として特に配慮すべき事項を十分に踏まえて行うものとする。

2　幼保連携型認定こども園における教育及び保育の目標

　幼保連携型認定こども園は、家庭との連携を図りながら、この章の第1の1に示す幼保連携型認定こども園における教育及び保育の基本に基づいて一体的に展開される幼保連携型認定こども園における生活を通して、生きる力の基礎を育成するよう認定こども園法第9条に規定する幼保連携型認定こども園の教育及び保育の目標の達成に努めなければならない。幼保連携型認定こども園は、このことにより、義務教育及びその後の教育の基礎を培うとともに、子どもの最善の利益を考慮しつつ、その生活を保障し、保護者と共に園児を心身ともに健やかに育成するものとする。

　なお、認定こども園法第9条に規定する幼保連携型認定こども園の教育及び保育の目標については、発達や学びの連続性及び生活の連続性の観点から、小学校就学の始期に達するまでの時期を通じ、その達成に向けて努力すべき目当てとなるものであることから、満3歳未満の園児の保育にも当てはまることに留意するものとする。

3　幼保連携型認定こども園の教育及び保育において育みたい資質・能力及び「幼児期の終わりまでに育ってほしい姿」

(1)　幼保連携型認定こども園においては、生きる力の基礎を育むため、この章の1に示す幼保連携型認定こども園の教育及び保育の基本を踏まえ、次に掲げる資質・能力を一体的に育むよう努めるものとする。

　　ア　豊かな体験を通じて、感じたり、気付いたり、分かったり、できるようになったりする「知識及び技能の基礎」

　　イ　気付いたことや、できるようになったことなどを使い、考えたり、

試したり、工夫したり、表現したりする「思考力、判断力、表現力等
　　の基礎」
　ウ　心情、意欲、態度が育つ中で、よりよい生活を営もうとする「学び
　　に向かう力、人間性等」
⑵　⑴に示す資質・能力は、第2章に示すねらい及び内容に基づく活動全
　体によって育むものである。
⑶　次に示す「幼児期の終わりまでに育ってほしい姿」は、第2章に示す
　ねらい及び内容に基づく活動全体を通して資質・能力が育まれている園
　児の幼保連携型認定こども園修了時の具体的な姿であり、保育教諭等が
　指導を行う際に考慮するものである。
　ア　健康な心と体
　　幼保連携型認定こども園における生活の中で、充実感をもって自分の
　やりたいことに向かって心と体を十分に働かせ、見通しをもって行動し、
　自ら健康で安全な生活をつくり出すようになる。
　イ　自立心
　　身近な環境に主体的に関わり様々な活動を楽しむ中で、しなければな
　らないことを自覚し、自分の力で行うために考えたり、工夫したりしな
　がら、諦めずにやり遂げることで達成感を味わい、自信をもって行動す
　るようになる。
　ウ　協同性
　　友達と関わる中で、互いの思いや考えなどを共有し、共通の目的の実
　現に向けて、考えたり、工夫したり、協力したりし、充実感をもってや
　り遂げるようになる。
　エ　道徳性・規範意識の芽生え
　　友達と様々な体験を重ねる中で、してよいことや悪いことが分かり、
　自分の行動を振り返ったり、友達の気持ちに共感したりし、相手の立場
　に立って行動するようになる。また、きまりを守る必要性が分かり、自
　分の気持ちを調整し、友達と折り合いを付けながら、きまりをつくった
　り、守ったりするようになる。
　オ　社会生活との関わり

　家族を大切にしようとする気持ちをもつとともに、地域の身近な人と触れ合う中で、人との様々な関わり方に気付き、相手の気持ちを考えて関わり、自分が役に立つ喜びを感じ、地域に親しみをもつようになる。また、幼保連携型認定こども園内外の様々な環境に関わる中で、遊びや生活に必要な情報を取り入れ、情報に基づき判断したり、情報を伝え合ったり、活用したりするなど、情報を役立てながら活動するようになるとともに、公共の施設を大切に利用するなどして、社会とのつながりなどを意識するようになる。

カ　思考力の芽生え

　身近な事象に積極的に関わる中で、物の性質や仕組みなどを感じ取ったり、気付いたりし、考えたり、予想したり、工夫したりするなど、多様な関わりを楽しむようになる。また、友達の様々な考えに触れる中で、自分と異なる考えがあることに気付き、自ら判断したり、考え直したりするなど、新しい考えを生み出す喜びを味わいながら、自分の考えをよりよいものにするようになる。

キ　自然との関わり・生命尊重

　自然に触れて感動する体験を通して、自然の変化などを感じ取り、好奇心や探究心をもって考え言葉などで表現しながら、身近な事象への関心が高まるとともに、自然への愛情や畏敬の念をもつようになる。また、身近な動植物に心を動かされる中で、生命の不思議さや尊さに気付き、身近な動植物への接し方を考え、命あるものとしていたわり、大切にする気持ちをもって関わるようになる。

ク　数量や図形、標識や文字などへの関心・感覚

　遊びや生活の中で、数量や図形、標識や文字などに親しむ体験を重ねたり、標識や文字の役割に気付いたりし、自らの必要感に基づきこれらを活用し、興味や関心、感覚をもつようになる。

ケ　言葉による伝え合い

　保育教諭等や友達と心を通わせる中で、絵本や物語などに親しみながら、豊かな言葉や表現を身に付け、経験したことや考えたことなどを言葉で伝えたり、相手の話を注意して聞いたりし、言葉による伝え合いを

楽しむようになる。

　コ　豊かな感性と表現

　　心を動かす出来事などに触れ感性を働かせる中で、様々な素材の特徴や表現の仕方などに気付き、感じたことや考えたことを自分で表現したり、友達同士で表現する過程を楽しんだりし、表現する喜びを味わい、意欲をもつようになる。

…中略…

第3　幼保連携型認定こども園として特に配慮すべき事項

　幼保連携型認定こども園における教育及び保育を行うに当たっては、次の事項について特に配慮しなければならない。

1　当該幼保連携型認定こども園に入園した年齢により集団生活の経験年数が異なる園児がいることに配慮する等、0歳から小学校就学前までの一貫した教育及び保育を園児の発達や学びの連続性を考慮して展開していくこと。特に満3歳以上については入園する園児が多いことや同一学年の園児で編制される学級の中で生活することなどを踏まえ、家庭や他の保育施設等との連携や引継ぎを円滑に行うとともに、環境の工夫をすること。

2　園児の一日の生活の連続性及びリズムの多様性に配慮するとともに、保護者の生活形態を反映した園児の在園時間の長短、入園時期や登園日数の違いを踏まえ、園児一人一人の状況に応じ、教育及び保育の内容やその展開について工夫をすること。特に入園及び年度当初においては、家庭との連携の下、園児一人一人の生活の仕方やリズムに十分に配慮して一日の自然な生活の流れをつくり出していくようにすること。

3　環境を通して行う教育及び保育の活動の充実を図るため、幼保連携型認定こども園における教育及び保育の環境の構成に当たっては、乳幼児期の特性及び保護者や地域の実態を踏まえ、次の事項に留意すること。

(1)　0歳から小学校就学前までの様々な年齢の園児の発達の特性を踏まえ、満3歳未満の園児については特に健康、安全や発達の確保を十分に図るとともに、満3歳以上の園児については同一学年の園児で編制される学級による集団活動の中で遊びを中心とする園児の主体的な活動を通して

発達や学びを促す経験が得られるよう工夫をすること。特に、満3歳以上の園児同士が共に育ち、学び合いながら、豊かな体験を積み重ねることができるよう工夫をすること。

(2)　在園時間が異なる多様な園児がいることを踏まえ、園児の生活が安定するよう、家庭や地域、幼保連携型認定こども園における生活の連続性を確保するとともに、一日の生活のリズムを整えるよう工夫をすること。特に満3歳未満の園児については睡眠時間等の個人差に配慮するとともに、満3歳以上の園児については集中して遊ぶ場と家庭的な雰囲気の中でくつろぐ場との適切な調和等の工夫をすること。

(3)　家庭や地域において異年齢の子どもと関わる機会が減少していることを踏まえ、満3歳以上の園児については、学級による集団活動とともに、満3歳未満の園児を含む異年齢の園児による活動を、園児の発達の状況にも配慮しつつ適切に組み合わせて設定するなどの工夫をすること。

(4)　満3歳以上の園児については、特に長期的な休業中、園児が過ごす家庭や園などの生活の場が異なることを踏まえ、それぞれの多様な生活経験が長期的な休業などの終了後等の園生活に生かされるよう工夫をすること。

4　指導計画を作成する際には、この章に示す指導計画の作成上の留意事項を踏まえるとともに、次の事項にも特に配慮すること。

(1)　園児の発達の個人差、入園した年齢の違いなどによる集団生活の経験年数の差、家庭環境等を踏まえ、園児一人一人の発達の特性や課題に十分留意すること。特に満3歳未満の園児については、大人への依存度が極めて高い等の特性があることから、個別的な対応を図ること。また、園児の集団生活への円滑な接続について、家庭等との連携及び協力を図る等十分留意すること。

(2)　園児の発達の連続性を考慮した教育及び保育を展開する際には、次の事項に留意すること。

　　ア　満3歳未満の園児については、園児一人一人の生育歴、心身の発達、活動の実態等に即して、個別的な計画を作成すること。

　　イ　満3歳以上の園児については、個の成長と、園児相互の関係や協同

的な活動が促されるよう考慮すること。

 ウ 異年齢で構成されるグループ等での指導に当たっては、園児一人一人の生活や経験、発達の過程などを把握し、適切な指導や環境の構成ができるよう考慮すること。

⑶ 一日の生活のリズムや在園時間が異なる園児が共に過ごすことを踏まえ、活動と休息、緊張感と解放感等の調和を図るとともに、園児に不安や動揺を与えないようにする等の配慮を行うこと。その際、担当の保育教諭等が替わる場合には、園児の様子等引継ぎを行い、十分な連携を図ること。

⑷ 午睡は生活のリズムを構成する重要な要素であり、安心して眠ることのできる安全な午睡環境を確保するとともに、在園時間が異なることや、睡眠時間は園児の発達の状況や個人によって差があることから、一律とならないよう配慮すること。

⑸ 長時間にわたる教育及び保育については、園児の発達の過程、生活のリズム及び心身の状態に十分配慮して、保育の内容や方法、職員の協力体制、家庭との連携などを指導計画に位置付けること。

5 生命の保持や情緒の安定を図るなど養護の行き届いた環境の下、幼保連携型認定こども園における教育及び保育を展開すること。

⑴ 園児一人一人が、快適にかつ健康で安全に過ごせるようにするとともに、その生理的欲求が十分に満たされ、健康増進が積極的に図られるようにするため、次の事項に留意すること。

 ア 園児一人一人の平常の健康状態や発育及び発達の状態を的確に把握し、異常を感じる場合は、速やかに適切に対応すること。

 イ 家庭との連携を密にし、学校医等との連携を図りながら、園児の疾病や事故防止に関する認識を深め、保健的で安全な環境の維持及び向上に努めること。

 ウ 清潔で安全な環境を整え、適切な援助や応答的な関わりを通して、園児の生理的欲求を満たしていくこと。また、家庭と協力しながら、園児の発達の過程等に応じた適切な生活のリズムがつくられていくようにすること。

エ　園児の発達の過程等に応じて、適度な運動と休息をとることができるようにすること。また、食事、排泄、睡眠、衣類の着脱、身の回りを清潔にすることなどについて、園児が意欲的に生活できるよう適切に援助すること。

(2)　園児一人一人が安定感をもって過ごし、自分の気持ちを安心して表すことができるようにするとともに、周囲から主体として受け止められ主体として育ち、自分を肯定する気持ちが育まれていくようにし、くつろいで共に過ごし、心身の疲れが癒やされるようにするため、次の事項に留意すること。

ア　園児一人一人の置かれている状態や発達の過程などを的確に把握し、園児の欲求を適切に満たしながら、応答的な触れ合いや言葉掛けを行うこと。

イ　園児一人一人の気持ちを受容し、共感しながら、園児との継続的な信頼関係を築いていくこと。

ウ　保育教諭等との信頼関係を基盤に、園児一人一人が主体的に活動し、自発性や探索意欲などを高めるとともに、自分への自信をもつことができるよう成長の過程を見守り、適切に働き掛けること。

エ　園児一人一人の生活のリズム、発達の過程、在園時間などに応じて、活動内容のバランスや調和を図りながら、適切な食事や休息がとれるようにすること。

6　園児の健康及び安全は、園児の生命の保持と健やかな生活の基本であり、幼保連携型認定こども園の生活全体を通して健康や安全に関する管理や指導、食育の推進等に十分留意すること。

7　保護者に対する子育ての支援に当たっては、この章に示す幼保連携型認定こども園における教育及び保育の基本及び目標を踏まえ、子どもに対する学校としての教育及び児童福祉施設としての保育並びに保護者に対する子育ての支援について相互に有機的な連携が図られるようにすること。また、幼保連携型認定こども園の目的の達成に資するため、保護者が子どもの成長に気付き子育ての喜びが感じられるよう、幼保連携型認定こども園の特性を生かした子育ての支援に努めること。

第2章　ねらい及び内容並びに配慮事項

　この章に示すねらいは、幼保連携型認定こども園の教育及び保育において育みたい資質・能力を園児の生活する姿から捉えたものであり、内容は、ねらいを達成するために指導する事項である。各視点や領域は、この時期の発達の特徴を踏まえ、教育及び保育のねらい及び内容を乳幼児の発達の側面から、乳児は三つの視点として、幼児は五つの領域としてまとめ、示したものである。内容の取扱いは、園児の発達を踏まえた指導を行うに当たって留意すべき事項である。

　各視点や領域に示すねらいは、幼保連携型認定こども園における生活の全体を通じ、園児が様々な体験を積み重ねる中で相互に関連をもちながら次第に達成に向かうものであること、内容は、園児が環境に関わって展開する具体的な活動を通して総合的に指導されるものであることに留意しなければならない。

　また、「幼児期の終わりまでに育ってほしい姿」が、ねらい及び内容に基づく活動全体を通して資質・能力が育まれている園児の幼保連携型認定こども園修了時の具体的な姿であることを踏まえ、指導を行う際に考慮するものとする。

　なお、特に必要な場合には、各視点や領域に示すねらいの趣旨に基づいて適切な、具体的な内容を工夫し、それを加えても差し支えないが、その場合には、それが第1章の第1に示す幼保連携型認定こども園の教育及び保育の基本及び目標を逸脱しないよう慎重に配慮する必要がある。

索　　引

執筆者紹介

佐藤　環（さとう・たまき）

1960年生。
1984年　慶應義塾大学文学部史学科国史学
　　　　専攻卒業。
1995年　広島大学大学院教育学研究科博士
　　　　課程後期単位取得退学。
現在：茨城大学教育学部教授

著書：『茨城平成時代年表』（編集）茨城新聞社、2019年。『茨城県女学校のあゆみ』（単著）茨城新聞社、2015年。『日本の教育史』（編著）あいり出版、2013年。『教育課程・方法の論究』（共著）青簡舎、2013年。『近世日本の学問・教育と水戸藩』（分担）水戸市教育委員会、2010年。『人間学から福祉学を発見する』（分担）あいり出版、2009年。『新・教育原理―高等学校の教員をめざすひとに―』（分担）ミネルヴァ書房、2006年。『新教育学事典』（項目執筆）勉誠出版、2002年。『教育基礎論』（分担）一藝社、2001年。『求められている教師像と教員養成』（分担）ミネルヴァ書房、2001年。

学校の教育学

2020年4月4日初版第1刷発行

著　者　　佐藤　環
発行者　　大貫祥子
発行所　　株式会社 青 簡 舎
　　　　　〒101-0051　東京都千代田区神田神保町 2-14
　　　　　電話　03-5213-4881
　　　　　http://www.seikansha.co.jp
印刷・製本　　株式会社 太平印刷社